『님의 침묵』 다시 읽다

『님의 침묵』 다시 읽다

도서출판 님 Nim

| 책을 엮으며 |

올해는 시인이자 독립운동가이며 승려인 만해 한용운의 시집 『님의 침묵』 탈고 100년이 되는 해이다. 만해는 1919년 3·1운동의 주동자로 일경에 체포되어 3년 동안 옥고를 치른 뒤 1921년 겨울, 경성감옥에서 출옥한다. 육신과 영혼이 피폐해질 대로 피폐해진 만해는 실의에 빠져 있다가 자신을 추스르기 위해서 찾아간 곳이 설악산 오세암이다. 그곳에서 만해는 동안상찰 선사의 『십현담』과 매월당 김시습의 『십현담 요해』를 만난다. 한동안 선禪과 시詩 속으로 깊숙이 들어간 만해는 선이 곧 시이고 시가 곧 선임을 깨달으면서 『십현담주해』를 탈고하고, 이어서 1925년 8월 29일 시집 『님의 침묵』을 탈고한다.

『님의 침묵』은 우리 시문학계에 철학적 깊이와 넓이를 가져다준 시집이다. 이 시집으로 인하여 우리 현대시는 새로운 어법과 화자를 갖게 되었고 사상적 심도를 알게 되었다. 이는 그가 겸장한 유불사상과 조국과 민족과 중생을 사랑하는, 자유 평등 평화 정신의 성과라 할 수 있다. 만해는 〈조선독립에 대한 감상의 개요〉에서 밝혔듯이 "자유는 만유의 생명이요 평화는 인생의 행복이라" 했다.

이제 100년이 지난 뒤 『님의 침묵』을 새로운 방식으로 만나게 된 것은 우리 문학사에서 매우 의의 있는 일이다. 「군말」과 「독자에게」까지 도합 90편의 작품을 현재 시단에서 왕성하게 활동하고 있는 90인의 시인들이 나누어 읽고, 저마다의 감상평을 저마다의 목소리로 들려주는 기회는 그 어디에도 없었다.

이에 『님의 침묵, 다시 읽다』가 우리 시단과 학계뿐만 아니라 일반대중 독자들에게도 만해의 시를 이해하고 재조명하는 데 도움이 되었으면 하는 바람이다. 특히 요즘처럼 전 세계가 전쟁과 질병과 기후위기로 한 치 앞도 예측할 수 없는 현실에서 『님의 침묵』을 다시 읽는 일은 100년 전의 '님'과 더불어 우리 모두가 꿈꾸는 또 다른 '님'을 기다리는 일인지도 모른다.

길지 않은 집필 기간과 선택의 여유마저 없는 무례한 원고 청탁에도 보시 탑을 쌓는 마음으로 기꺼이 동참해 주신 시인들께 무한한 존경과 감사의 마음을 드린다.

만해학회 편집위원회

| 차례 |

군말 | 전기철 ········ 12

님의 침묵沈默 | 고형렬 ········ 14

이별은 미美의 창조創造 | 이경림 ········ 16

알 수 없어요 | 최동호 ········ 18

나는 잊고저 | 오주리 ········ 20

가지 마서요 | 이정록 ········ 22

고적한 밤 | 이장욱 ········ 25

나의 길 | 도종환 ········ 27

꿈 깨고서 | 임승유 ········ 29

예술가藝術家 | 류미야 ········ 31

이별 | 최형심 ········ 33

길이 막혀 | 함기석 ········ 37

자유정조自由貞操 | 이병국 ········ 39

하나가 되야주서요 | 김일연 ········ 42

나룻배와 행인行人 | 박형준 ········ 44

차라리 | 강신애 ········ 46

나의 노래 | 황인찬 ········ 48

당신이 아니더면 | 문태준 ········ 51

잠 없는 꿈 | 최백규 ········ 53

생명生命 | 장이지 ········ 56

사랑의 측량測量 | 이대흠 ········ 58

진주眞珠 | 이현승 ········ 60

슬픔의 삼매三昧 | 홍용희 ········ 62

의심하지 마서요 | 김병호 ········ 64

당신은 | 정수자 ········ 67

행복幸福 | 김예강 ········ 69

착인錯認 | 고재종 ········ 71

밤은 고요하고 | 김완하 ········ 73

비밀秘密 | 김건영 ········ 75

사랑의 존재存在 | 우대식 ········ 77

꿈과 근심 | 임채성 ········ 79

포도주葡萄酒 | 박은정 ········ 81

비방誹謗 | 한보경 ········ 83

「?」| 이병교 ········ 85

님의 손길 | 김지녀 ········ 87

해당화海棠花 | 김언 ········ 89

당신을 보았습니다 | 강인한 ········ 91

비 | 손음 ········ 93

복종服從 | 박성현 ········ 95

참어 주서요 | 고미경 ········ 97

어늬 것이 참이냐 | 정선 ········ 99

정천한해情天恨海 | 차성환 ········ 102

첫「키쓰」| 염창권 ········ 105

선사禪師의 설법說法 | 조동범 ········ 107

그를 보내며 | 이재무 ········ 109

금강산金剛山 | 이시경 ········ 111

님의 얼골 | 정채원 ········ 114
심은 버들 | 이재훈 ········ 116
낙원樂園은 가시덤풀에서 | 안차애 ········ 118
참말인가요 | 한정원 ········ 120
꽃이 먼저 알어 | 장순금 ········ 122
찬송讚頌 | 변종태 ········ 124
논개論介의 애인愛人이 되야서 그의 묘廟에 | 이병금 ······ 126
후회後悔 | 정혜영 ········ 130
사랑하는 까닭 | 장석주 ········ 132
당신의 편지 | 권현형 ········ 134
거짓 이별 | 서안나 ········ 136
꿈이라면 | 휘민 ········ 138
달을 보며 | 송승언 ········ 140
인과율因果律 | 김영찬 ········ 142
잠꼬대 | 이수명 ········ 144
계월향桂月香에게 | 양균원 ········ 147
만족滿足 | 박성준 ········ 150
반비례反比例 | 이승희 ········ 153
눈물 | 김민채 ········ 155
어데라도 | 손미 ········ 158
떠날 때의 님의 얼골 | 이용헌 ········ 160
최초最初의 님 | 박순원 ········ 162

두견새 | 채수옥 ········ 164

나의 꿈 | 신철규 ········ 166

우는 때 | 김보람 ········ 168

타골의 시詩(GARDENISTO)를 읽고 | 김지명 ······ 170

수繡의 비밀秘密 | 박남희 ········ 173

사랑의 불 | 김지율 ········ 175

「사랑」을 사랑하야요 | 부영우 ········ 178

버리지 아니하면 | 김연종 ········ 181

당신 가신 때 | 이원 ········ 183

요술妖術 | 안주철 ········ 185

당신의 마음 | 유종인 ········ 188

여름밤이 길어요 | 조재형 ········ 191

명상冥想 | 정진혁 ········ 193

칠석七夕 | 김광원 ········ 195

생生의 예술藝術 | 박정대 ········ 199

꽃싸움 | 배수연 ········ 201

거문고 탈 때 | 조정 ········ 203

오서요 | 길상호 ········ 205

쾌락快樂 | 김부회 ········ 208

고대苦待 | 권혁웅 ········ 210

사랑의 끝판 | 이선이 ········ 213

독자讀者에게 | 안도현 ········ 215

| 일러두기 |
- 초간본을 최대한 살리되 현재 사용하지 않는 글자는 현대어로 바꾸었다.
- 현대어로 바꾸어도 뜻과 발음이 크게 다르지 않은 글자는 그대로 두었다.
- 한자는 한글 옆에 병기하였으며 한 작품 안에서 반복된 한자는 생략하였다.
- 문장부호는 초간본 표기대로 하되 띄어쓰기는 현행 맞춤법을 따랐다.
- 시평 및 감상평은 필자의 원고를 최대한 반영하였다.

만해 한용운 시집

『님의 침묵』다시 읽다

군말

 「님」만 님이 아니라 긔룬 것은 다 님이다 중생衆生이 석가釋迦의 님이라면 철학哲學은 칸트의 님이다 장미화薔薇花의 님이 봄비라면 마시니의 님은 이태리伊太利다 님은 내가 사랑할 뿐 아니라 나를 사랑하나니라

 연애戀愛가 자유自由라면 님도 자유일 것이다 그러나 너희는 이름 좋은 자유에 알뜰한 구속拘束을 받지 않느냐 너에게도 님이 있느냐 있다면 님이 아니라 너의 그림자니라

 나는 해 저문 벌판에서 돌아가는 길을 잃고 헤매는 어린 양羊이 긔루어서 이 시詩를 쓴다

저자著者

* * *

 「군말」을 이해하기 위해서는 몇 낱말을 알아야 한다. 먼저 '군말'은 서문을 대신해 쓴 말로 '군더더기', '사족蛇足', '소음'의 뜻을 지닌다. 시집 맨 앞에 붙이는 인사말이다. '군'은 쓰이는 예로는 '군식구', '군돈', '군소리'의 '군'이다. 다음으로 "긔룬 것은 다 님이다."에서 '긔룬'이라는 말은 「길이 막혀」「사랑하는 까닭」「달을 보며」 등의 시에서도 보인다. '그립다'로 해석하는 이들도 있는데, '그리

운'이라는 말은 시에서 그대로 '그립다'로 쓰고 있어서 '그리워하다'와는 확연히 다르게 쓰고 있음을 알 수 있다. 이 말은 복합적인 뜻을 지니고 있다. '기리다'라는 뜻의 '추어올리다', '소중하다', '북돋아 기르다'와 '기루다' 뜻이 함께 들어 있다.

다음으로 만해의 중요한 사상인 '자유'가 있다. '구속拘束을 받지 않'는 자유, 그러나 그 자유로 인해 "길을 잃고 헤매는 어린 양¥이 긔루어서" 시를 쓴다고 했다. 자유와 헤맴과 '긔루어서'가 곧 『님의 침묵』의 의도를 '군말'로 붙인다.

전기철 1998년 《심상》 등단. 시집 『박쥐』 외.

님의 침묵沈默

 님은 갔습니다 아아 사랑하는 나의 님은 갔습니다

 푸른 산빛을 깨치고 단풍나무 숲을 향하야 난 적은 길을 걸어서 참어 떨치고 갔습니다

 황금黃金의 꽃같이 굳고 빛나든 옛 맹세盟誓는 차디찬 티끌이 되야서 한숨의 미풍微風에 날어갔습니다

 날카로운 첫「키쓰」의 추억追憶은 나의 운명運命의 지침指針을 돌려놓고 뒷걸음쳐서 사러졌습니다

 나는 향기로운 님의 말소리에 귀먹고 꽃다운 님의 얼골에 눈멀었습니다

 사랑도 사람의 일이라 만날 때에 미리 떠날 것을 염려하고 경계하지 아니한 것은 아니지만 이별은 뜻밖의 일이 되고 놀란 가슴은 새로운 슬픔에 터집니다

 그러나 이별을 쓸데없는 눈물의 원천源泉을 만들고 마는 것은 스스로 사랑을 깨치는 것인 줄 아는 까닭에 걷잡을 수 없는 슬픔의 힘을 옮겨서 새 희망希望의 정수박이에 들어부었습니다

 우리는 만날 때에 떠날 것을 염려하는 것과 같이 떠날 때에 다시 만날 것을 믿습니다

 아아 님은 갔지마는 나는 님을 보내지 아니하얏습니다

 제 곡조를 못 이기는 사랑의 노래는 님의 침묵沈默을 휩싸고 돕니다

* * *

"님은 갔습니다" 첫 행의 이 여섯 글자는 한국 시가 얻은 영원의 화두이자 미망의 선물이다. 열 살 때 처음 이 시를 접한 나는 지금도 무심해지면 몰록 「님의 침묵」을 다라니경처럼 읊는다. 님은 떠난 것이 아니었다. 백 년 동안 우리를 찾아왔거니와 지금도 이곳에 와 있는 우리를 찾아오고 있는 님이다. 사랑은 제국의 무력武力과 허무주의에 강탈당하고 싶지 않은 생존의 님이었다. 님은 떠남으로써 우리 곁에 남아 있다.

사거死去하지 않았다는 고독한 각성 속에서 얻어낸 환유의 의지와 다른 모습으로 회귀하여 현존하는 님을 붙잡는 믿음은 오천 년 역사 속에 오고 간 모든 우리 각각의 수많은 생을 지켜준 원동력이며 앞으로도 우리를 이끌어갈 미래의 빛이다. "옛 맹세는 차디찬 티끌이 되"지 않았다. 저 산의 녹음과 단풍 낙엽, 펄펄 날리는 강설, 신춘회귀는 님과 우리 자신의 일체 속에 있다.

설악을 보고 있노라면 "향기로운 님의 말소리"가 구름과 바람 속에 들려온다. 한 줄기 흰 물줄기가 가없이 흘러가며 길러내는 생명 하나하나를 우리 모두 새롭게 보듬어야 하리. 반드시 정화될 희망의 언어는 오늘도 한 통씩의 찰랑이는 물을 안고 그 정수박이에 들어붓는다.

고형렬 1979년 《현대문학》 등단. 시집 『대청봉 수박밭』, 장편 산문 『은빛 물고기』 외.

이별은 미美의 창조創造

이별은 미美의 창조創造입니다
이별의 미는 아침의 바탕[質]없는 황금과 밤의 올[絲]없는 검은 비단과 죽음 없는 영원永遠의 생명生命과 시들지 않는 하늘의 푸른 꽃에도 없습니다
님이여 이별이 아니면 나는 눈물에서 죽었다가 웃음에서 다시 살어날 수가 없습니다 오오 이별이여
미는 이별의 창조입니다

* * *

이 시는 만해 시 중에도 비교적 알려지지 않은 작품이지만 선생의 철학이 깊이 스며 있는 작품이라 할 수 있을 것 같다. 이 시의 주요 모티브는 이별이 아름다움이 창조해 낸 자식이라는 생각. 이별의 모체가 아름다움이라니! 그러나 이 뜬금없고 역설적인 정의가 문득 아름다운 것은 이별마저도 아름다움이 만들어 내는 것이라는 생각이다. 그렇다면 세상의 온갖 선악미추善惡美醜가 다 이별의 자식들이란 말 아닌가? 얼마나 지극한 아름다움이면 이별을 낳을 수 있을까? 그러나 선생은 그런 과잉 해석을 단칼에 자르며 이렇게 말한다, 그 아름다움의 실체는 '바탕없는 황금'과 같다고, 또 '밤의 올

없는 검은 비단' 같다고.

　금의 본질적 성분이 없는 금은 쇳덩어리와 무엇이 다를까? 올이 없는 비단 또한 비단이라 할 수 있을까? 이 시에서 선생은 세상에는 귀천이란 없고 온갖 두두물물이 원래 바탕이 없다는 것을 말하는 것이리라. 결국, 모든 물상은 허虛하고 공空하다는 것. 찬란한 아침 해도, 죽음이 없는 영원도, 시들지 않는 푸른 꽃도.

　그는 또 말한다. 죽음은 이별이 본질이지만 그 이별이 있어 삶이 아름답다고.

　이것이 삶의 본질적 아이러니 아닐까? 구렁이 한 마리가 제 꼬리를 물고 도는 것처럼, 그 속에서 모든 아름다움이 태어나고 사라진다는 것. 그리하여 그 모든 것들의 바탕은 이별이라는 것.

이경림 1989년 《문학과비평》 등단. 시집 『급고독』, 산문집 『언제부턴가 우는 것을 잊어버렸다』, 시론집 『사유의 깊이 관찰의 깊이』 외.

알 수 없어요

바람도 없는 공중에 수직垂直의 파문波紋을 내이며 고요히 떨어지는 오동잎은 누구의 발자최입니까

지리한 장마 끝에 서풍에 몰려가는 무서운 검은 구름의 터진 틈으로 언뜻언뜻 보이는 푸른 하늘은 누구의 얼골입니까

꽃도 없는 깊은 나무에 푸른 이끼를 거쳐서 옛 탑塔 위의 고요한 하늘을 슬치는 알 수 없는 향기는 누구의 입김입니까

근원은 알지도 못할 곳에서 나서 돌부리를 울리고 가늘게 흐르는 적은 시내는 굽이굽이 누구의 노래입니까

연꽃 같은 발꿈치로 갓이 없는 바다를 밟고 옥 같은 손으로 끝없는 하늘을 만지면서 떨어지는 날을 곱게 단장하는 저녁놀은 누구의 시詩입니까

타고 남은 재가 다시 기름이 됩니다 그칠 줄을 모르고 타는 나의 가슴은 누구의 밤을 지키는 약한 등불입니까

* * *

널리 알려진 이 시를 오랫동안 읽었지만 무심코 지나쳐 온 구절이 하나 있다. 그것이 마지막 결구이다. 발자취, 얼굴, 입김, 노래, 저녁놀 등 다섯 가지 누구나 어디서나 볼 수 있는 자연현상에 대해

의문을 던지고 난 다음 화자는 마지막에 이르러 '나의 가슴'이란 어구를 통해 자신이 지닌 간절한 소망을 말하고 있다. 어디서나 볼 수 있는 자연현상을 먼저 말하고 있으므로 그 배후에 있는 그 누구에 대해 크게 의문을 가지지 않고도 그가 절대자이거나 또는 님이라 지칭되는 어떤 존재라는 것을 독자들이 쉽게 알 수 있다.

또한 '약한 등불'이란 반어적 구절로 인해 화자가 말하고 있는 간절한 소망도 '약하기 때문에 그러나 꺼지지 않을 것이란' 점에서 그 등불은 호소력을 갖는다. 그러나 "타고 남은 재가 다시 기름이 됩니다"라는 구절은 논리적으로 쉽게 이해되지 않는다. 재가 기름이 되다니 그게 가능할까 하는 의문이 든다. 기름은 등불을 켤 수 있지만 재는 기름이 되기 어렵다. 그것을 윤회의 원리라고 단순하게 말할 수는 없다.

최근 노자를 읽다가 '화광동진和光同塵'이란 어구를 보고 빛이 먼지가 되고 먼지가 빛이 되는 철학적 성찰을 갖게 되었다. 이 지점에서 노자와 불교가 상통하는 접점도 생각해 보게 되었다. 빛과 먼지가 하나가 된다면 재와 빛이 하나가 되는 것이다. 빛과 먼지는 이질적인 존재이지만 궁극에서는 둘이 아니라 하나라는 깨달음이 이 시가 말하고 있는 근본적인 사유이다.

최동호 1976년 《중앙일보》 신춘문예 평론 등단. 시집 『황사 바람』 『얼음 얼굴』 『제왕나비』 『생이 빛나는 오늘』 외.

나는 잊고저

남들은 님을 생각한다지만
나는 님을 잊고저 하야요
잊고저 할수록 생각히기로
행혀 잊힐까 하고 생각하야 보았습니다

잊으랴면 생각히고
생각하면 잊히지 아니하니
잊도 말고 생각도 말어 볼까요
잊든지 생각든지 내버려 두어 볼까요
그러나 그리도 아니 되고
끊임없는 생각에 님뿐인데 어찌하야요

귀태여 잊으랴면
잊을 수가 없는 것은 아니지만
잠과 죽음뿐이기로
님 두고는 못하야요

아아 잊히지 않는 생각보다
잊고저 하는 그것이 더욱 괴롭습니다

* * *

　만해 한용운의 「나는 잊고저」는 역설逆說의 수사학으로 '님'에 대한 그리움을 노래하고 있다. 사랑은 간절할수록 그러나 가질 수 없을수록 집착執着으로 흐른다. 사랑에 사로잡힌 마음은 이성理性을 조롱하며 광기라는 내 안의 짐승을 일깨운다. 잊으려 해도 잊을 수 없는 그 괴로운 마음이 바로 사랑의 실존實存이다. 만해는 그 사랑의 고통을 역설로 고백하고 있다. '님'을 한시도 잊을 수 없기 때문에 '님'을 잊고 싶다는 그 마음. 사랑에 빠져본 사람이면 누구나 고개를 끄덕일 수 있는 감정이다. 붓다는 『법구경』에서 무언가에 얽매여 잊지 못하는 집착을 고통의 근원이라고 가르쳤다. 성불成佛이란 집착을 버림으로써 고통으로부터 해방되고, 나아가, '아我'가 결국 '무아無我'라는 깨달음에 이르러 해탈解脫을 하는 것이다. 만약, 만해를 승려로서만 본다면, 이 시 「나는 잊고저」는 의아한 작품일 수 있다. 왜냐하면, 그는 시인의 역할을 무명無明 가운데 놓인 중생을 구제하는 승려의 역할과 다르지 않다는 믿음으로 시집 『님의 침묵』을 썼기 때문이다. 이 시 「나는 잊고저」는 사성제四聖諦 가운데 고통의 원인이 집착임을 드러내는 집성제集聖諦의 단계를 보여주고 있다. 마치 헤르만 헤세의 『싯다르타』가 성불에 이른 붓다가 아니라 인간 '싯다르타'의 고뇌를 그려 보인 것처럼. 너무나 인간적인 사랑의 고뇌를 노래하는 이 작품은 그래서 등신불의 앙상한 뼈처럼 우리의 마음을 울리고 있다.

오주리 2010년 《문학사상》 등단. 시집 『장미릉』, 학술서 『순수의 시: 한국현대시사의 시적 이상에 관한 존재론적 연구』 『김춘수 형이상시의 존재와 진리 연구』.

가지 마서요

 그것은 어머니의 가슴에 머리를 숙이고 자기자기한 사랑을 받으랴고 삐죽거리는 입설로 표정表情하는 어여쁜 아기를 싸안으랴는 사랑의 날개가 아니라 적敵의 깃旗발입니다
 그것은 자비慈悲의 백호광명白毫光明이 아니라 번득거리는 악마惡魔의 눈[眼]빛입니다
 그것은 면류관冕旒冠과 황금黃金의 누리와 죽음과를 본 체도 아니 하고 몸과 마음을 돌돌 뭉쳐서 사랑의 바다에 풍덩 넣랴는 사랑의 여신女神이 아니라 칼의 웃음입니다
 아아 님이여 위안慰安에 목마른 나의 님이여 걸음을 돌리서요 거기를 가지 마서요 나는 싫여요

 대지大地의 음악은 무궁화無窮花 그늘에 잠들었습니다
 광명光明의 꿈은 검은 바다에서 잠약질합니다
 무서운 침묵沈默은 만상萬像의 속살거림에 서슬이 푸른 교훈敎訓을 나리고 있습니다
 아아 님이여 새 생명生命의 꽃에 취醉하랴는 나의 님이여 걸음을 돌리서요 거기를 가지 마서요 나는 싫여요

 거룩한 천사天使의 세례洗禮를 받은 순결純潔한 청춘靑春을 똑

따서 그 속에 자기自己의 생명生命을 넣서 그것을 사랑의 제단祭壇에 제물祭物로 드리는 어여쁜 처녀處女가 어데 있어요

달금하고 맑은 향기를 꿀벌에게 주고 다른 꿀벌에게 주지 않는 이상한 백합百合꽃이 어데 있어요

자신自信의 전체全體를 죽음의 청산靑山에 장사지내고 흐르는 빛[光]으로 밤을 두 쪼각에 베히는 반딧불이 어데 있어요

아아 님이여 정情에 순사殉死하랴는 나의 님이여 걸음을 돌리서요 거기를 가지 마서요 나는 싫여요

그 나라에는 허공虛空이 없습니다
그 나라에는 그림자 없는 사람들이 전쟁戰爭을 하고 있습니다
그 나라에는 우주만상宇宙萬像의 모든 생명生命의 쇳대를 가지고 척도尺度를 초월超越한 삼엄森嚴한 궤율軌律로 진행進行하는 위대偉大한 시간時間이 정지停止되얏습니다

아아 님이여 죽음을 방향芳香이라고 하는 나의 님이여 걸음을 돌리서요 거기를 가지 마서요 나는 싫여요

* * *

한용운의 '님'은 현실의 '임'과 이념의 '임'과 지향의 '임'을 같은 굴대에 놓습니다. 님은 만해 자신이며, 연인이며, 조국이며, 진리이며, 석가입니다. 님은 하나이면서 여럿입니다. 복합적이고 중층적인 가치입니다. 하나이되 수만의 물방울입니다. 곧 만해萬海입

니다.

 '침묵沈默'은 무엇일까요? 침沈의 갑골문을 보면 물[水]에 떠내려가는 소[牛]를 그려놓았습니다. 그런데 소전小篆을 보면 목에 칼을 찬 죄수를 수장시키는 모습입니다. 묵默이란 한자 속의 흑黑은 죄지은 자의 얼굴에 문신을 새기는 묵형墨刑을 말합니다. 『님의 침묵沈默』에는 고난의 현실을 극복하려는 강도 높은 싸움이 있습니다. 속승으로서의 고뇌, 해탈지견解脫知見을 향해 몸부림치는 고뇌, 빼앗긴 나라 속에서의 민족적 고뇌가 서려 있습니다. 묵默은 인고의 싸움 뒤에 오는 적극적 고요입니다. '님의 침묵沈默' 이란 시집 제목이 전체 시 작품을 관통합니다.

 「가지 마서요」란 시의 화자는 모성애가 깊습니다. 사랑하는 사람이 '악마의 눈빛'과 '칼의 웃음'에 속아서 '적의 깃발'에 굴복하려고 하니까, 화려한 수사와 모성애母性愛로 타이릅니다. 간곡懇曲하게 말합니다. 간곡함은 굽은 길입니다. 간절한 말은 대구와 반어와 역설로 굽어 있습니다. 직선적인 언어가 아니라, 에돌아갑니다. 그런 다음에 단도직입으로 요약합니다. "가지 마서요 나는 싫여요"

 전체적으로 교훈성과 현실 인식이 또렷한 시입니다. "무궁화"가 갖는 조국이라는 공간 인식과 "무궁화 그늘에 잠들었습니다"라는 상황인식도 정확합니다. 식민 조국이 아니라, 불교로 해석해도 참여적 인식론을 볼 수 있습니다. 무궁화가 나라꽃이라는 의미를 배제하면 '끊임없이 피어나는 불교적 자비'로도 풀이할 수 있습니다.

이정록 1993년 《동아일보》 신춘문예 등단. 시집 『그럴 때가 있다』 『동심언어사전』 『눈에 넣어도 아프지 않은 것들의 목록』 외.

고적한 밤

하늘에는 달이 없고 따에는 바람이 없습니다
사람들은 소리가 없고 나는 마음이 없습니다

우주宇宙는 죽음인가요
인생人生은 잠인가요

한 가닥은 눈썹에 걸치고 한 가닥은 적은 별에 걸쳤든 님 생각의 금金실은 살살살 걷힙니다
한 손에는 만금萬金의 칼을 들고 한 손으로 천국天國의 꽃을 꺾든 환상幻想의 여왕女王도 그림자를 감추었습니다
아아 님 생각의 금실과 환상의 여왕이 두 손을 마조 잡고 눈물의 속에서 정사情死한 줄이야 누가 알어요

우주는 죽음인가요
인생은 눈물인가요
인생이 눈물이면
죽음은 사랑인가요

* * *

이것은 '여성적' 목소리일까? 당시 일반적이었다는 젠더 프리한 경어체는 아닐까? 「군말」에 나오듯, 이 화자는 단지 석가이자 칸트이자 장미화이자 마치니인 것은 아닐까? 이 지점에서 「님의 침묵」은 확실히 모호하고 다양한 스탠스를 취한다. 화자가 스스로를 '여성'으로 위치 짓는 시들(「자유 정조」 「인과율」 등)도 있고, 남성 화자라고 보아야 할 시들(논개, 타고르, 계월향에 대한 시들)도 있으나, 확정 불가능한 경어체 시들이 대다수이다. 더불어 화자가 아니라 '님'이 '여성적' 이미지로 드러나는 다수의 시편들(「그를 보내며」 「님의 얼골」 등)을 보면, 이 시집은 거의 '퀴어적'이라 할 만한 분위기를 띠고 있기까지 하다.

확실히 시인은 불교적 '불이不二'의 정신을 따라 성별을 넘어선 초월적 사랑의 풍경을 보여주려는 것 같다. 성별뿐일까. 시인은 불이와 무심 속으로 스며들어 떠남에 만남을 겹치고 빛에 그림자를 겹치고 여성에 남성을 겹쳐서 이윽고 영혼에 영혼이 스며드는 사랑의 시편들을 이룬다. 진실로 어두운 마음의 심연을 마주하고 내 안의 다른 나이자 동시에 지극한 당신을 만나고, 그로써 나와 님이 구분되지 않는 사랑("나는 곧 당신이어요")에 도달한다는 것.

「고적한 밤」도 그러하다. "칼"과 "꽃"의 날카로운 대립상이 그의 사랑 속에서 녹아버린다. 삶과 죽음, 사랑과 이별, 현실과 환상이 분별되지 않는다. 이윽고 "죽음"과 "사랑"이 저 고적한 밤의 세계에서 한몸이 될 때, 그의 섹슈얼리티는 완성된다.

이장욱 1994년 《현대문학》 등단. 시집 『생년월일』 『영원이 아니라서 가능한』 『음악집』 외.

나의 길

이 세상에는 길도 많기도 합니다

산에는 돍길이 있습니다 바다에는 뱃길이 있습니다 공중에는 달과 별의 길이 있습니다

강가에서 낚시질하는 사람은 모래 위에 발자최를 내입니다 들에서 나물 캐는 여자는 방초芳草를 밟습니다

악한 사람은 죄의 길을 좇어갑니다

의義있는 사람은 옳은 일을 위하야는 칼날을 밟습니다

서산에 지는 해는 붉은 놀을 밟습니다

봄 아츰의 맑은 이슬은 꽃머리에서 미끄럼 탑니다

그러나 나의 길은 이 세상에 둘밖에 없습니다

하나는 님의 품에 안기는 길입니다

그렇지 아니하면 죽음의 품에 안기는 길입니다

그것은 만일 님의 품에 안기지 못하면 다른 길은 죽음의 길보다 험하고 괴로운 까닭입니다

아아 나의 길은 누가 내였습니까

아아 이 세상에는 님이 아니고는 나의 길을 내일 수가 없습니다

그런데 나의 길을 님이 내였으면 죽음의 길은 왜 내셨을까요

* * *

이 세상에는 길이 많습니다. 산에는 돌길이 있고 바다에는 뱃길이 있습니다. 하늘에는 달과 별이 가는 길이 있습니다. 낚시질하는 사람이 가는 길, 나물 캐는 여자가 방초를 밟으며 가는 길이 있습니다. 악한 사람이 죄를 지으며 가는 길이 있는가 하면 의로운 사람이 죽음을 불사하며 가는 길이 있습니다. 인간만이 아니라 지는 해도 붉은 노을을 밟으며 자기 길을 갑니다. 봄날 아침의 맑은 이슬도 자기 길을 갑니다. 꽃봉오리에서 미끄럼타며 길을 내려갑니다.

이 시의 전반부는 이런 이 세상의 길에 대해 이야기합니다. 그리고 후반부에서는 나의 길에 대해 이야기합니다. 화자는 나의 길이 두 길밖에 없다고 말합니다. 하나는 님의 품에 안기는 길이고 하나는 죽음의 품에 안기는 길입니다. 님을 따라가는 길이 아니면 그 길은 죽음보다 더 험하고 괴로운 일이라서 그렇게 말하는 겁니다. 그렇다면 나의 길은 님의 품에 안기는 길밖에 없는 것이지요. 님과 함께 가는 길, 님과 하나 되는 길만이 나의 길인 것이지요. 그 길은 누가 내었을까요? 그 길은 님이 내셨습니다. 그런데 님은 나의 길을 내시고 왜 죽음의 길도 내셨는지 마지막에 한 번 더 묻는 건 무얼 강조하기 위한 걸까요? 님과 같이 사는 삶만이 의미 있는 삶, 쓸모 있는 삶, 가치 있는 삶이기 때문일 것입니다. 님을 사랑하는 길, 님과 같이 가는 구도의 길, 내가 님의 품에 안겨 있고 님도 내 가슴에 계셔서 함께 가는 길만이 내가 가야 할 최선의 길이기 때문일 것입니다.

도종환 1984년 《분단시대》 등단. 『접시꽃 당신』 『해인으로 가는 길』 『정오에서 가장 먼 시간』 외.

꿈 깨고서

님이며는 나를 사랑하련마는 밤마다 문밖에 와서 발자최 소리만 내이고 한 번도 들어오지 아니하고 도로 가니 그것이 사랑인가요
그러나 나는 발자최나마 님의 문밖에 가본 적이 없습니다.
아마 사랑은 님에게만 있나버요

아아 발자최 소리나 아니더면 꿈이나 아니 깨었으련마는
꿈은 님을 찾어가랴고 구름을 탔었어요.

* * *

님의 경우, 밤마다 문밖에 와서 발자최 소리를 내는 것까지다. 그것까지는 한다. "한 번도 들어오지 아니하고"라는 발화는 표면적으로는 화자가 님을 원망하는 원인에 해당하는 것으로 읽히지만 이걸 뒤집으면, '밤마다' 님이 나한테 왔다는 것을 강조하는 것으로도 읽힌다. '들어오지 아니'하는 행위를 내재하고 있는 임의 반복적 행위는 사람을 미치게 만든다.
화자의 경우, 발화자의 위치에 있기에 수월하게 사랑을 증명할 수 있는 입장이다. 하지만 사랑에 대해서라면 님을 원망한다든가

자신을 책망한다든가 그런 식의 발화만 할 뿐, 꼼짝도 하지 않는다. 사랑에 대해서라면 임이 화자보다 더 크게 움직인 셈이다. '나'를 미치게 하는 사랑이지만 더 크게 움직이는 님이 있으니 그래도 할 만하다 싶어진다. 1연이 끝나고 큰 심호흡이 지나간 뒤 2연을 맞닥뜨리면 님이 더 크게 움직인 건 꿈의 작용이며, 그 꿈은 '나'의 격정에서 비롯된 것임이 밝혀진다.

'나'는 밤마다 님의 발자취 소리를 듣겠다고 님을 내 방문까지 오게 하고 그 소리로 인해 꿈에서 내쳐진다. 마지막 행을 어떻게 해석해야 할까. 꿈이 '나'를 제외시키고 님을 찾아가려고 구름을 탔다고 할까. 꿈이 나로 하여금 님을 찾아가게 하려고 구름을 탔다고 해야 할까. 어떻게 보든 '나'는 밤마다 방문 앞에 님을 데려다 놓았다가 꿈 밖으로 밀려나는 행위를 반복할 수밖에 없다. 대면의 불가능이 이 반복되는 행위를 가능하게 한다. 사랑이 끝나지 않는다. 그래 봤자 연인들은 함께 있을 뿐이다.

임승유 2011년 《문학과사회》 등단. 시집 『아이를 낳았지 나 갖고는 부족할까 봐』 『나는 겨울로 왔고 너는 여름에 있었다』 『생명력 전개』 외.

예술가藝術家

　나는 서투른 화가畵家여요
　잠 아니 오는 잠자리에 누어서 손가락을 가슴에 대히고 당신의 코와 입과 두 볼에 새암 파지는 것까지 그렸습니다
　그러나 언제든지 적은 웃음이 떠도는 당신의 눈자위는 그리다가 백 번이나 지었습니다

　나는 파겁 못한 성악가聲樂家요
　이웃 사람도 돌어가고 버러지 소리도 끊쳤는데 당신의 가리쳐 주시는 노래를 부르랴다가 조는 고양이가 부끄러워서 부르지 못하얏습니다
　그래서 가는 바람이 문풍지를 슬칠 때에 가만히 합창合唱하얏습니다

　나는 서정시인敍情詩人이 되기에는 너머도 소질素質이 없나버요
　「질거움」이니 「슬픔」이니 「사랑」이니 그런 것은 쓰기 싫어요 당신의 얼골과 소리와 걸음걸이와를 그대로 쓰고 싶습니다
　그리고 당신의 집과 침대寢臺와 꽃밭에 있는 적은 돍도 쓰겠습니다

* * *

영화 〈바베트의 만찬〉에는 이런 말이 나온다. "예술가는 가난하지 않아요. 자신이 최선을 다하면 사람들을 행복하게 할 수 있지요." 예술이 무엇이길래 이토록 숱한 예술가들이 온 생을 걸고 가닿으려 하는 것일까? 아니 그 이전에 예술은, 세계를, 구원할 수 있는가? 구원은커녕 현실조차 온전히 묘파해 내기 불가능한, 지극하고도 미련한 인간의 일은 아닐까?

그럼에도 숨탄것들 어지러이 조는 이 혼몽의 세계에서 여전히 예술이 존속돼야 한다면 그것은 '당신' 때문이리라. 어딘가 당신이 계셔 아직 그려야 할 그림이 있고, 불러야 할 노래가 있다. 당신이 나를 예술가로 살게 한다. 그러나 "당신의 눈자위"를 백 번이나 고쳐 그리는 내 '서투름'과, 당신에게서 배운 노래를 바람결에나 얹어 합창하는 '부끄러움', 또 "당신의 얼굴과 소리와 걸음걸이와" "당신의 집과 침대와 꽃밭에 있는 적은 돌" 같은, 마땅히 존재해야 할 대상과 일상이 침노侵擄된 이때 내 "즐거움이니 슬픔이니 사랑이니"를 그리는 서정시인으로는 '소질 없음', 즉 그런 시는 쓸 수 없음을 화자는 역설하고 있다. 그 속에는 지금-여기에 '없는 당신'에 대한 상심과 고통이 들어 있다.

타인을 행복하게 하는 것이 예술가의 일이고 몫이라면, 모든 인간이 예술가가 되면 어떨까. 그런 때가 온다면 외려 마음껏 서정시인이 되어도 좋을 것이다. 그럴 수 없어 만해의 그 시절이나 지금이나 이 세계는 늘 불행하다.

류미야 2015년 《유심》 등단. 시집 『눈먼 말의 해변』 『아름다운 것들은 왜 늦게 도착하는지』.

이별

아아 사람은 약한 것이다 여린 것이다 간사한 것이다
이 세상에는 진정한 사랑의 이별은 있을 수가 없는 것이다
죽음으로 사랑을 바꾸는 님과 님에게야 무슨 이별이 있으랴
이별의 눈물은 물거품의 꽃이요 도금鍍金한 금金방울이다

칼로 베힌 이별의 「키쓰」가 어데 있너냐
생명生命의 꽃으로 빚인 이별의 두견주杜鵑酒가 어데 있너냐
피의 홍보석紅寶石으로 만든 이별의 기념紀念반지가 어데 있너냐
이별의 눈물은 저주咀呪의 마니주摩尼珠요 거짓의 수정水晶이다

사랑의 이별은 이별의 반면反面에 반드시 이별하는 사랑보다 더 큰 사랑이 있는 것이다
혹은 직접直接의 사랑은 아닐지라도 간접間接의 사랑이라도 있는 것이다
다시 말하면 이별하는 애인愛人보다 자기自己를 더 사랑하는 것이다
만일 애인을 자기의 생명보다 더 사랑하면 무궁無窮을 회전回轉하는 시간時間의 수리바퀴에 이끼가 끼도록 사랑의 이별은

없는 것이다

　아니다 아니다 「참」보다도 참인 님의 사랑엔, 죽음보다도 이별이 훨씬 위대偉大하다
　죽음이 한 방울의 찬 이슬이라면 이별은 일천 줄기의 꽃비다
　죽음이 밝은 별이라면 이별은 거룩한 태양太陽이다

　생명보다 사랑하는 애인을 사랑하기 위하야는 죽을 수가 없는 것이다
　진정한 사랑을 위하야는 괴롭게 사는 것이 죽음보다도 더 큰 희생犧牲이다
　이별은 사랑을 위하야 죽지 못하는 가장 큰 고통苦痛이오 보은報恩이다
　애인은 이별보다 애인의 죽음을 더 슬퍼하는 까닭이다
　사랑은 붉은 촛불이나 푸른 술에만 있는 것이 아니라 먼 마음을 서로 비치는 무형無形에도 있는 까닭이다
　그러므로 사랑하는 애인을 죽음에서 잊지 못하고 이별에서 생각하는 것이다
　그러므로 사랑하는 애인을 죽음에서 웃지 못하고 이별에서 우는 것이다
　그러므로 애인을 위하야는 이별의 원한怨恨을 죽음의 유쾌愉快로 갚지 못하고 슬픔의 고통으로 참는 것이다
　그러므로 사랑은 참어 죽지 못하고 참어 이별하는 사랑보다 더

큰 사랑은 없는 것이다

　그리고 진정한 사랑은 곳이 없다
　진정한 사랑은 애인의 포옹抱擁만 사랑할 뿐 아니라, 애인의 이별도 사랑하는 것이다

　그리고 진정한 사랑은 때가 없다
　진정한 사랑은 간단間斷이 없어서 이별은 애인의 육肉뿐이요 사랑은 무궁이다

　아아 진정한 애인을 사랑함에는 죽음은 칼을 주는 것이오 이별은 꽃을 주는 것이다
　아아 이별의 눈물은 진眞이오 선善이오 미美다
　아아 이별의 눈물은 석가釋迦요 모세요 짠다크다

* * *

　이별은 위대한 모순이다. "진정한 사랑"이라면 "이별"이란 "있을 수가 없는 것"이어야 하겠지만 이별을 통해서 영원해지는 것이 또 사랑이기 때문이다.
　삶의 한 부분, 그것도 심장의 한 부분을 내어준 인연에게 안녕을 고하는 일은 지난할 수밖에 없다. 헤어짐은 고통이라는 한 단어에 다 담을 수 없는 복잡한 감정 경험이다. 분노, 슬픔, 회한, 그

리고 그리움 등 다양한 감정의 파도가 이별을 마주한 이를 극한으로 몰아간다.

"이별은 사랑을 위하야 죽지 못하는" "큰 고통"을 안긴다. 하지만 동시에 모든 것이 끝나는 바로 그 자리에서 새로운 것들이 시작되게 하기도 한다. 이별의 슬픔을 에너지로 한 생을 불태우거나 그리움을 예술로 승화시키는 경우를 심심치 않게 보게 된다. 이별이 세상의 진리眞와 아름다움美에 닿아있다고 시인이 말하는 이유일 것이다.

그래서 때로 이별은 죽음보다도 위대할 수 있는 것이다. 인간의 존재를 무로 돌려놓는 "죽음은 한 방울의 찬 이슬"에 불과하지만 두 존재가 각자의 세계로 나뉘어 세상에 존재하게 되는 "이별은 일천 줄기의 꽃비"로 피어날 수도 있으니 말이다. 그저 "먼 마음을 서로" 비춰보며 "이별도 사랑하는 것", 그리하여 "무궁無窮을 회전回轉하는 시간時間의 수리바퀴에" 올라타는 것… 시인은 "참어 죽지 못하고, 참어 이별하는 사랑보다 더 큰 사랑은 없는 것"이라고 했다. 이별은 죽음을 초월하여 영원에 이르는 길인지도 모르겠다. 그러니 사랑은 짧지만 이별은 영원하다 하겠다.

최형심 2008년 《현대시》 등단. 시집 『나비는, 날개로 잠을 잤다』.

길이 막혀

당신의 얼골은 달도 아니언만
산 넘고 물 넘어 나의 마음을 비칩니다

나의 손길은 왜 그리 쩔러서
눈앞에 보이는 당신의 가슴을 못 만지나요

당신이 오기로 못 올 것이 무엇이며
내가 가기로 못 갈 것이 없지마는
산에는 사다리가 없고
물에는 배가 없어요

뉘라서 사다리를 떼고 배를 깨트렸습니까
나는 보석으로 사다리 놓고 진주로 배 모아요
오시랴도 길이 막혀서 못 오시는 당신이 긔루어요

* * *

 아름답고 가슴 저린 시다. 당신의 얼굴은 눈앞의 달처럼 생생하건만 팔 뻗어 살결 한번 만질 수 없는 아득히 먼 곳에 있다. 이별은 만해 시의 대전제로서 승화된 만남을 꿈꾸게 하는 대승적 사랑의 기본조건이다. 사랑의 재회를 갈망하는 화자가 비애의 여성으로 설정되는데 내면에 저항과 투쟁의 정신이 도도한 쇳물처럼 흐르고 있음을 놓쳐서는 안 된다. 당신과의 만남을 훼방하는 현실의 어떤 제약조차도 다 극복하고 말겠다는 도전과 응전의 태도가 나타난다. 이는 곧 인생과 종교와 역사에 대한 만해의 입장 표명이다. 이 시엔 연인과의 별리와 재회라는 사랑의 차원, 열반과 화엄의 지난한 길이라는 불도의 차원, 어둠과 압제의 초극이라는 역사의 차원이 종합되어 있다. 만해 시의 요체는 인간사상, 불교사상, 독립사상의 삼위일체고 삶 전체를 통한 무서운 실천성에 있다. 야만의 시대, 부조리한 현실에 뼈아프게 절망하면서도 끝없이 사랑과 해탈과 해방을 꿈꾸던 사람, 100년이 지난 오늘의 현실 앞에서 나는 그립다. 그의 뜨겁던 심장 소리와 서릿발 내린 찬 눈빛이.

함기석 1992년 《작가세계》 등단. 시집 『국어선생은 달팽이』 『오렌지 기하학』 외.

자유정조自由貞操

　내가 당신을 기다리고 있는 것은 기다리고자 하는 것이 아니라 기다려지는 것입니다
　말하자면 당신을 기다리는 것은 정조貞操보다도 사랑입니다

　남들은 나더러 시대時代에 뒤진 낡은 여성女性이라고 삐죽거립니다 구구區區한 정조를 지킨다고
　그러나 나는 시대성時代性을 이해理解하지 못하는 것도 아닙니다
　인생人生과 정조의 심각深刻한 비판批判을 하야 보기도 한두 번이 아닙니다
　자유연애自由戀愛의 신성神聖(?)을 덮어놓고 부정否定하는 것도 아닙니다
　대자연大自然을 따러서 초연생활超然生活을 할 생각도 하야 보았습니다

　그러나 구경究竟, 만사萬事가 다 저의 좋아하는 대로 말한 것이오 행한 것입니다
　나는 님을 기다리면서 괴로움을 먹고 살이 찝니다 어려움을 입고 키가 큽니다

나의 정조는 「자유정조自由貞操」입니다

* * *

한용운은 3·1독립만세운동 후 투옥된 서대문형무소에서 쓴 「조선독립에 대한 감상의 개요」에서 "자유는 만유의 생명이요 평화는 인생의 행복"이라고 했다. 한용운에게 자유란 세상 모든 존재의 토대이자 삶의 근간인 셈이다. 이를 염두에 두고 시 「자유정조」를 보자.

화자는 부재한 '당신'을 기다리며 그것을 "기다리고자 하는 것이 아"닌, "기다려지는 것" 즉 자연스러운 '기대'라 말한다. 이는 '기다림'을 '정조'라고 하는 규율에 따른 강제가 아닌 '사랑'에 기반한 자유의지로 전유하는 것이다. 물론 '당신'을 기다리는 일이 수동적 행위로 여겨지면서 "남들은 나더러 시대에 뒤진 낡은 여성"이자 "구구한 정조를 지"키는 "시대성을 이해하지 못"하는 존재로 화자를 받아들인다. 그러나 화자는 "구경, 만사가 다 저의 좋아하는 대로 말한 것이오, 행한 것"이라 하며 이를 부정하고 '기다림'을 자유의지의 능동적 수행으로 전환해 낸다.

그런 점에서 「자유정조」에 깃든 화자의 인식에는 자신이 기다리고 기대하는 이상적 세계를 자유롭게 추구할 수 있다는 믿음이 담겨 있으며 이를 통해 존재의 근원적 생명성을 강화하고 내적 평화에 가닿을 수 있다는 확신이 깃들어 있다고 할 수 있다. 자기 삶을 능동적으로 만드는 일, 그리하여 주체적 삶으로 존재를 세우는 일이야말로 '자유정조'라는 역설적 표현이 품고 있는 한용운 사유의

심층일 것이다.

이병국 2013년 《동아일보》 신춘문예 시, 2017년 《중앙신인문학상》 평론 등단. 시집 『이곳의 안녕』 『내일은 어디쯤인가요』, 평론집 『포기하지 않는 마음』 외.

하나가 되야주서요

님이여 나의 마음을 가져가랴거든 마음을 가진 나한지 가져 가서요 그리하야 나로 하야금 님에게서 하나가 되게 하서요

그렇지 아니하거든 나에게 고통만을 주지 마시고 님의 마음을 다 주서요 그리고 마음을 가진 님한지 나에게 주서요 그래서 님으로 하야금 나에게서 하나가 되게 하서요

그렇지 아니하거든 나의 마음을 돌려 보내 주서요 그러고 나에게 고통을 주서요

그러면 나는 나의 마음을 가지고 님의 주시는 고통을 사랑하겠습니다

* * *

만해 한용운의 『님의 침묵』 그 첫 번째 페이지는 「군말」입니다.
"님만 님이 아니라 긔룬 것은 다 님이다 중생이 석가의 님이라면…"

이 첫 문장에서부터 나라는 중생은 '석가의 님'으로 격상되는 기쁨을 맛보았습니다.

당신의 님이 진정 나이시라면 님과 내가 하나가 되게 하셔요. 봄

비에 장미꽃이 스며들듯이 당신 안에 나를 스며들게 하셔요. 님과 내가 하나가 된 화엄의 세계에서 나를 살게 하셔요. 지금, 여기에 완전히 살게 하셔요.

  당신이시여, 내 미망의 그림자를 벗기고 실체로 오소서. 나는 지금 나의 마음을 나와 함께 드리지 못한 고통 속에 있습니다. 님의 마음을 님과 함께 받지 못한 고통 속에 있습니다. 사광師曠이 소리를 내는 데 방해가 된다며 제 눈을 찔렀다고 했던가요. 또 옛 시인들은 시수詩瘦라고 했습니다. 나에게는 가당치도 않은 이야기지만 미욱한 나를 다하여 해 저문 별관에서 돌아가는 길을 잃고 헤매는 어린 양이 되어 고통 없는 불행보다 고통의 행복을 사랑하고 싶습니다.

김일연 1980년 《시조문학》 등단. 시집 『명창』 『ALL THE DAUGHTERS OF THE EARTH(세상의 모든 딸들)』, 시평집 『시조의 향연』 외.

나룻배와 행인行人

나는 나룻배
당신은 행인

당신은 흙발로 나를 짓밟습니다
나는 당신을 안고 물을 건너갑니다
나는 당신을 안으면 깊으나 옅으나 급한 여울이나 건너갑니다

만일 당신이 아니 오시면 나는 바람을 쐬고 눈비를 맞으며 밤에서 낮까지 당신을 기다리고 있습니다
당신은 물만 건느면 나를 돌어보지도 않고 가십니다그려
그러나 당신이 언제든지 오실 줄만은 알어요
나는 당신을 기다리면서 날마다 날마다 낡어갑니다

나는 나룻배
당신은 행인

* * *

뚝섬 한강공원에 뚝섬 나루터와 법정 스님의 일화를 담은 이야기 패널이 있다. 뚝섬 나루터는 조선시대부터 봉은사를 오가는 사람들

이 이용하였다. 이야기 패널 안에는 1972년 뚝섬 나루터에서 대장경 번역을 위해 봉은사로 가는 길에 법정 스님이 승용차와 소가 끄는 수레, 분뇨를 실은 트럭과 아울러 신사와 숙녀도 함께 태워주던 나룻배에 대해 회고한 내용이 담겨 있다. 세상의 높고 낮음을 차별하지 않고 모든 것을 너그럽게 감싸주는 나룻배에게서 법정 스님은 부처의 자비를 떠올린 것이다.

  나는 산책길에서 이 이야기 패널 앞에 잠시 서서 지금은 사라지고 없는 법정 스님이 회고한 뚝섬 나루터의 정경을 마음 속에 그려 보곤 한다. 그러면 만해 스님의 「나룻배와 행인」이 영상처럼 눈앞에 그려진다. 흙발로 마구마구 짓밟아도, 그런 행인行人을 안고 깊으나 옅으나 급한 여울이나 가리지 않고 물을 건너는 나룻배. 나에게 만해스님의 「나룻배와 행인」은 동행의 시로 읽힌다. "나는 나룻배/ 당신은 행인"이라는 이 시의 은유에서 어지러운 세상 속에서 서로를 의지하며 서로의 마음을 등불 삼아 같이 한 길을 가는 사람들의 묵묵한 동행이 그려진다. 행인은 물을 건너고 나면, 그 목적이 실현되고 나면 나룻배를 돌아볼 필요가 없을지도 모른다. 그럼에도 나룻배는 계절을 인내하며 밤에서 낮까지 묵묵히 "날마다 날마다 낡어"가며 당신을 기다린다. 나는 이 시에서 내가 잊었음에도 내 곁의 보이지 않는 곳에서 나를 지켜주고 동행의 길을 함께 하는 자비의 손길이 우리들이 하찮고 보잘것없다고 여기는 그런 사물들과 가난한 사람들의 커다랗고 투박한 손을 닮았음을 깨닫는다.

박형준 1991년 《한국일보》 신춘문예로 등단. 시집 『생각날 때마다 울었다』 『불탄 집』 『줄무늬를 슬퍼하는 기린처럼』 외.

차라리

 님이여 오서요 오시지 아니하랴면 차라리 가서요 가랴다 오고 오랴다 가는 것은 나에게 목숨을 빼앗고 죽음도 주지 않는 것입니다
 님이여 나를 책망하랴거든 차라리 큰소리로 말씀하야 주서요 침묵沈默으로 책망하지 말고 침묵으로 책망하는 것은 아픈 마음을 얼음바늘로 찌르는 것입니다
 님이여 나를 아니 보랴거든 차라리 눈을 돌려서 감으서요 흐르는 곁눈으로 흘겨보지 마서요 곁눈으로 흘겨보는 것은 사랑의 보褓에 가시의 선물을 싸서 주는 것입니다

* * *

 조지훈은 만해에 대해 "불교를 통해 자아와 세계의 혁명을 기획한 혁명가이자 선승, 시인을 일체화한 인물"이라고 했다. 3·1운동 사건으로 영어囹圄의 지옥에서 천국을 구한 만해는 감옥에서 쓰고 밀반출된 〈조선독립의 서〉에서 일제 강점을 꾸짖고 반드시 패망할 것을 명논설로 확언하였다. 당시 만해에게 가장 그리운 님은 조국의 독립일 것이다. 조국의 독립이 연인이요 미륵일 것이다.
 이 시에서 님이 "가랴다 오고 오랴다 가는 것"은 민족은 있으나

조국이 없고, 영토는 있으나 주권이 없는 침탈당한 조선으로 읽을 수 있다. 이것은 대구를 이루듯 "목숨을 빼앗고 죽음도 주지 않는" 참혹한 상황이다. 일제의 강압에 무력한 민중과 친일화, 왜색화되어가는 세태를 다만 침묵으로 책망하는 님, 그런 님의 침묵은 님의 부재이기에 "얼음 바늘로 찌르는" 것처럼 날카로운 상처와 고통을 남긴다.

이렇게 짓밟힌 식민지의 어둠을 님은 흐르는 곁눈으로 볼 수밖에 없다. 직접적으로 드러나지는 않지만, 민족의 고통을 정면으로 마주할 수 없는 님의 깊은 "사랑"으로 하여 "가시"에 찔린 듯 나도 고통받는다. 어찌할 수 없는 님과 화자의 사랑의 고통이 강렬한 비유와 반복적인 리듬 속에 절절히 묻어난다.

강신애 1996년 《문학사상》 등단. 시집 『서랍이 있는 두 겹의 방』 『불타는 기린』 『어떤 사람이 물가에 집을 지을까』 외.

나의 노래

나의 노랫가락의 고저장단은 대중이 없습니다

그래서 세속의 노래 곡조와는 조금도 맞지 않습니다

그러나 나는 나의 노래가 세속 곡조에 맞지 않는 것을 조금도 애닯어 하지 않습니다

나의 노래는 세속의 노래와 다르지 아니하면 아니 되는 까닭입니다

곡조는 노래의 결함缺陷을 억지로 조절調節하랴는 것입니다

곡조는 부자연不自然한 노래를 사람의 망상妄想으로 도막쳐 놓은 것입니다

참된 노래에 곡조를 붙이는 것은 노래의 자연自然에 치욕恥辱입니다

님의 얼골에 단장을 하는 것이 도로혀 흠이 되는 것과 같이 나의 노래에 곡조를 붙이면 도로혀 결점缺點이 됩니다

나의 노래는 사랑의 신神을 울립니다

나의 노래는 처녀處女의 청춘靑春을 즙짜서 보기도 어려운 맑은 물을 만듭니다

나의 노래는 님의 귀에 들어가서는 천국天國의 음악音樂이 되고 님의 꿈에 들어가서는 눈물이 됩니다

나의 노래가 산과 들을 지나서 멀리 계신 님에게 들리는 줄을 나는 압니다

　나의 노랫가락이 바르르 떨다가 소리를 이르지 못할 때에 나의 노래가 님의 눈물겨운 고요한 환상幻想으로 들어가서 사라지는 것을 나는 분명히 압니다

　나는 나의 노래가 님에게 들리는 것을 생각할 때에 광영光榮에 넘치는 나의 적은 가슴은 발발발 떨면서 침묵沈默의 음보音譜를 그립니다

* * *

　만해 시가 아름다움에 도달하는 과정은 일종의 자기 수행과도 닮은 면모가 있다. 그것은 오히려 자기를 지워가는 과정이며, 자기를 지움으로써 진정한 자신에 도달하는 과정이다. 만해는 그의 시에서 이렇게 말한다. "곡조는 노래의 결함을 억지로 조절하는 것"이며 "부자연한 노래를 사람의 망상으로 도막쳐 놓은 것"이라고. 인위적으로 구성된 음률이란 사실 더 나은 것이 가능하리라는 인간의 독단과 망상에 불과하기에, 그 자체로 아름다운 자연에 대해서는 오히려 치욕이 될 뿐이라는 것이다. 그것은 깨달음에 통하는 길이기도 하지만, 동시에 시의 아름다움에 도달하는 방식이기도 하다. 시란 대상에 언어를 덧붙이는 일이라기보다는 오히려 언어를 덜어냄으로써 진정한 대상에 도달하는 일인 까닭이다. 그러므로 만해의 「나의 노래」는 사랑의 노래이자 자기 수행의 노래인 동시에

시인의 자기 반영적 창작 방법론으로도 읽을 수 있으리라.

어쩌면 이 시에 대해 약간의 오해를 가질 수도 있다. '나의 노래'에 대한 시인 자신의 천명에서 드러나는 자기주장이 너무 강하게 전해지기 때문이리라. '나의 노래'가 "사랑의 신을 울리"는 것이고, "천국의 음악"이 된다는 이야기는 또 얼마나 강렬한 자기 표현인가. 그러나 이 시에서 말하는 '나의 노래'란 기실 지금껏 내가 부른 노래가 아니다. 그것은 앞으로 부를 '나의 노래'이며, 저 멀리 있는 님에게 도달할 노래라는 의미로 봐야만 한다. 아직 도래하지 않은, 그리하여 침묵일 수밖에 없을 그 아름다움에 대해, 시인은 강한 의지를 드러내 보이고 있는 것이다. 그러니 이 시는 님에게 전할 그 노래가 순정한 것이어야만 한다고, 시란 타인에게 그런 순정함을 건네는 일이라고 말하고 있는 것이라 이해해야만 한다. 시에 대한, 그리고 타자에 대한 이 열렬한 마음이야말로 이 시의 가장 큰 미덕인 것이다.

황인찬 2010년 《현대문학》 등단. 시집 『사랑을 위한 되풀이』 『여기까지가 미래입니다』 『이걸 내 마음이라고 하자』 외.

당신이 아니더면

당신이 아니더면 포시럽고 매끄럽든 얼골이 웨 주름살이 접혀요
당신이 긔룹지만 않더면 언제까지라도 나는 늙지 아니할 테여요
맨 츰에 당신에게 안기든 그때대로 있을 테여요

그러나 늙고 병들고 죽기까지라도 당신 때문이라면 나는 싫지 안하여요
나에게 생명을 주던지 죽음을 주던지 당신의 뜻대로만 하서요
나는 곧 당신이여요

* * *

이 시는 거듭해서 읽을수록 리듬이 더 잘 느껴지고, 또 누군가의 음성이 더 또렷하게 들려오는 것만 같은 느낌을 준다. 한 편의 시를 거듭해서 읽을수록 그 심연이 점점 깊어짐을 체감하는 일은 드문 일인데, 그만큼 이 시가 읽는 이에게 잔잔하고도 아름다운 감동과 함께 곰곰이 짚어보아야 할 내용을 지니고 있다는 증거일 테다. 마치 수심이 깊은, 맑고 푸른 호수를 보는 듯하다.

'포시럽다'는 살갗에 닿는 매우 보드라운 촉감을 이르는 것이요, '그륩다'는 그리워하고 보고 싶어 하는 감정이다. '당신'으로 인하여 '나'는 주름이 늘었다. 얼굴뿐만 아니라 마음에도 주름살이 잡히고 늙었다. 얼굴의 주름은 "당신에게 안기던 그때"로부터 많은 시간이 경과한 탓이요, 마음의 주름살은 그리워하되 만나지 못한 데서 오는 슬픔과 근심과 낙망落望 때문이다. 하지만 조금도 원망하는 일이 없이 '나'는 "당신의 뜻"이라면 늙음과 병듦과 죽음도 개의치 않겠다는 뜻을 밝힌다.

  '당신'은 사랑하는 대상이 되는 존재로 이해할 수 있고, 깨달음을 성취한 부처로 이해할 수도 있겠다. 뿐만 아니라 부처와 중생과 마음, 이 셋은 차별이 없다고 했으니 고통의 바다에 살고 있는 중생衆生이라고 이해해도 무방하겠다. 이 시는 존재에 대한 섬김과 무한한 신뢰와 자애의 노래이다.

문태준 1994년 《문예중앙》 등단. 시집 『맨발』 『가재미』 『풀의 탄생』 외.

잠 없는 꿈

나는 어느 날 밤에 잠 없는 꿈을 꾸었습니다
「나의 님은 어데 있어요 나는 님을 보러 가겠습니다 님에게 가는 길을 가져다가 나에게 주서요 검이어」
「너의 가랴는 길은 너의 님의 오랴는 길이다 그 길을 가져다 너에게 주면 너의 님은 올 수가 없다」
「내가 가기만 하면 님은 아니 와도 관계가 없습니다」
「너의 님의 오랴는 길을 너에게 갖다 주면 너의 님은 다른 길로 오게 된다 네가 간대도 너의 님을 만날 수가 없다」
「그러면 그 길을 가져다가 나의 님에게 주서요」
「너의 님에게 주는 것이 너에게 주는 것과 같다 사람마다 저의 길이 각각 있는 것이다」
「그러면 어찌하여야 이별한 님을 만나보겠습니까」
「네가 너를 가져다가 너의 가랴는 길에 주어라 그리하고 쉬지 말고 가거라」
「그리할 마음은 있지마는 그 길에는 고개도 많고 물도 많습니다 갈 수가 없습니다」
검은 「그러면 너의 님을 너의 가슴에 안겨주마」 하고 나의 님을 나에게 안겨주었습니다
나는 나의 님을 힘껏 껴안았습니다

나의 팔이 나의 가슴을 아프도록 다칠 때에 나의 두 팔에 베혀진 허공虛空은 나의 팔을 뒤에 두고 이어졌습니다

* * *

1

아는 사람이 모두 떠난 고향에서 지낸 적이 있습니다. 방에 누워 잠을 청할 때마다 이제 없는 님을 꿈에서 마주했습니다. 내게서 멀어진 것들은 하나같이 침묵합니다. 하지만 말하지 않고도 이야기합니다. 내가 없는 님의 세상은 캄캄한가요. 그곳에도 일출과 일몰이, 파랑과 새소리가 있나요.

2

무언가 대화를 오래 한 듯한데 눈을 뜨면 한마디도 제대로 기억나지 않았습니다. 얼굴을 타고 흐르는 눈물만 뜨거웠습니다. 어느 날 눈을 떴을 때는 빛이 어렴풋이 들어오고 있어 님이 내 눈물을 보지 못해 다행이라 생각하기도 했습니다. 벽을 향해 돌아누우며 헛웃음을 짓기도 했습니다.

3

믿을 수 없는 일들만 있었습니다. 이제 그 부서질 것 같은 몸을 누가 안아줍니까. 손끝으로 서로의 살갗에 의미 없는 글을 몇 자 적고 까닭 없이 웃던 순간들이 여전히 환합니다. 그 빛을 잊지 못해 숨죽이고 살다가 문득 불어오는 바람에 눈이 시리기도 할 것입니다.

4

　오늘은 내가 들판에 서서 새가 되었다 바람이 되었다 님이 됩니다. 나는 이 한없이 새하얀 세상에서 님을 따라 눈을 감습니다. 먼 곳으로 이어져 돌고 돌아 언젠가 나로 돌아올 것입니다. 비를 맞아도 눈을 감지 않는 것이 사랑이라 믿었으나 꿈에서도 꿈인 듯하여 한 번 더 눈을 감습니다.

최백규 2014년 《문학사상》 등단. 시집 『네가 울어서 꽃은 진다』 『여름은 사랑의 천사』, 어린이책 『너의 장점은?』 외.

생명生命

    닻과 치를 잃고 거친 바다에 표류漂流된 작은 생명生命의 배는 아즉 발견發見도 아니된 황금의 나라를 꿈꾸는 한 줄기 희망이 나침반羅針盤이 되고 항로航路가 되고 순풍淳風이 되야서 물결의 한 끝은 하늘을 치고 다른 물결의 한 끝은 땅을 치는 무서운 바다에 배질합니다
    님이여 님에게 바치는 이 적은 생명을 힘껏 껴안어 주서요
    이 적은 생명이 님의 품에서 으서진다 하야도 환희歡喜의 영지靈地에서 순정한 생명의 파편은 최귀最貴한 보석이 되야서 쪽각쪼각이 적당히 이어져서 님의 가슴에 사랑의 휘장徽章을 걸겠습니다
    님이여 끝없는 사막에 한 가지의 깃딜일 나무도 없는 적은 새인 나의 생명을 님의 가슴에 으서지도록 껴안어 주서요
    그러고 부서진 생명의 쪼각쪼각에 입맞춰 주서요

* * *

    이 시는 총 다섯 행으로 되어 있는데, 제3행까지를 전반부로 볼 수 있다. 전반부는 구체적이고 장식적인 이미지로 되어 있고, 후반부는 그에 비해 단조롭다.

이 시는 어떤 격정(passion)을 노래한다. 격정은 라틴어 pati(당하다), passio(고통)에서 그 어원을 찾을 수 있는 말로, 그 자체에 '수난'이나 '순교'의 의미가 담겨 있다. 만해 선사께서 노래하신 것은 단순한 격정이 아니라 이 죽음을 무릅쓰는 자기희생의 의지라고 할 수 있다.

시적 화자는 '거친 바다'(전반부)나 '끝없는 사막'(후반부)과 같은 엄혹한 현실—국권 침탈의 상황—에 맞선다. 전반부에서 닻과 키를 잃은 상황에서도 화자는 '황금의 나라'라는 희망에 기대어 배를 몬다. 화자는 '환희의 영지'—국권 회복—에 닿는다면 자기 생명이 깨지더라도 '님'의 가슴에 아름다운 휘장으로 달리리라고 다짐한다. 죽음을 미적으로 승화하려는 의지의 표현이다. 전반부에서 화자는 격정에 휩싸여 수난을 무릅쓰고 오히려 그 수난 속에서 황홀경에 이른다.

한편 후반부에서도 격정—수난—황홀경의 구조가 반복된다. 그런데 후반부에서 상황은 "깃들일 나무가 없다"는 데서도 알 수 있듯 더 나빠진다. 후반부가 단조로워진 것은 전반부에 있는 희망이나 승화가 소거되어 있기 때문이다. 그런데도 화자는 여전히 격정에 휩싸여 자기 생명을 조각낼 궁리만 하며, 오히려 그 죽음에서야말로 사랑의 황홀에 이르고자 한다. 보석이나 휘장과 같은 대가 따위도 구하지 않는다. 님의 품 안에서 입맞춤 받는 것에서 화자는 자기 생명의 숭고한 의의를 찾는다.

장이지 2000년 《현대문학》 등단. 시집 『오리배가 지나간 호수의 파랑』 『편지의 시대』 『레몬옐로』 외.

사랑의 측량 測量

질겁고 아름다운 일은 양量이 만할수록 좋은 것입니다
그런데 당신의 사랑은 양이 적을수록 좋은가 버요
당신의 사랑은 당신과 나와 두 사람의 새이에 있는 것입니다
사랑의 양을 알랴면 당신과 나의 거리距離를 측량測量할 수밖에 없습니다
그래서 당신과 나의 거리가 멀면 사랑의 양이 만하고, 거리가 가까우면 사랑의 양量이 적을 것입니다
그런데 적은 사랑은 나를 웃기더니 만한 사랑은 나를 울립니다

뉘라서 사람이 멀어지면 사랑도 멀어진다고 하여요
당신이 가신 뒤로 사랑이 멀어졌으면 날마다 날마다 나를 울리는 것은 사랑이 아니고 무엇이여요

* * *

사랑을 측량하면 측량할 때마다 달라질 것 같다. 사람의 거리가 그렇고 사랑의 깊이도 그대로 고여 있지는 않아서 날마다 순간마다 다시 측량해야 하지 않겠는가. 그렇게 변하니까 사랑이겠지. 그렇게 변하는 게 살아있음이니까 더욱 사랑이겠지.

만해 시를 읽는 즐거움은 역설의 놀라움을 발견하는 재미이다. "즐겁고 아름다운 일은 양量이 만할수록 좋은 것입니다"라는 평이한 진술로 시작되는 「사랑의 측량測量」은, '그런데 당신의 사랑은 양이 적을수록 좋은가 버요.'라는 문장으로 독자를 당혹스럽게 한다. 사랑은 나와 당신의 '새이'에 있기에, 당신과의 거리가 멀수록 사랑의 양은 많아지고, 당신과의 거리가 가까우면 사랑의 양이 적어진다는 논리이다.

　사랑이 햇살 알갱이처럼 어둠의 입자처럼 '새이'를 채우고 있는 풍경이 그려진다. 그러나 아무리 사랑의 양이 많다고 한들, 그것이 기쁨이 아니라, 눈물과 한숨이라면 울지 않을 수 없을 것이다. 사랑의 정도는 양이 아니라 밀도라는 것을 화자는 이미 알고 있다. 당신이 멀어지면 멀어질수록 더 커진 '새이'를 사랑으로 채우려 하는 하염없음이 보이는 것 같다. 그렇게 오지 않을 사람을 기다리며, 꽃잎 뿌리듯 사랑의 마음을 오래 흘린 적이 있다.

이대흠 1994년 《창작과비평》 등단. 시집 『동그라미』 『코끼리가 쏟아진다』 『당신은 북천에서 온 사람』 외.

진주眞珠

언제인지 내가 바닷가에 가서 조개를 줏었지요 당신은 나의 치마를 걷어 주섰어요 진흙 묻는다고
집에 와서는 나를 어린아기 같다고 하셨지요 조개를 주워다가 장난한다고 그러고 나가시더니 금강석을 사다 주섰습니다 당신이

나는 그때에 조개 속에서 진주를 얻어서 당신의 적은 주머니에 넣드렸습니다
당신이 어디 그 진주를 가지고 기서요 잠시라도 웨 남을 빌려주서요

* * *

본래 불교에서는 진주를 '더럽혀지지 않는 순수한 본성'이나 중생이 본래적으로 지니는 '불성'에 비유하곤 한다. 그런데 이 진주는 조개가 오랫동안 자신의 상처를 통해 빚어내는 것이므로 고통의 바다에서 피어난 깨달음으로 흔히 수행의 결과로도 상징되곤 한다. 그러나 진주든 금강석이든 모든 보석의 진가는 아마도 빛남, 그리고 그 빛의 불변성에 있을 것이다. 진리를 구하는 사람에게는 참된 진리가, 사랑을 갈구하는 사람에게는 변치 않는 마음이 그 비유와

상징의 원관념이 될 것이다. 이 귀한 것은 당연하게도 그것을 귀히 여기는 마음의 매체이다. 만해의 이 시 「진주」는 작은 이야기와 말을 담고 있다. 이야기 속에서 당신과 나는 각각 금강석과 진주를 서로에게 건넨다. 그리고 그 마음에는 약간의 뉘앙스 차이가 보인다. 당신이 나를 대하는 태도에는 어딘지 아이 대하듯 하는 넓은 마음씨가 보이고, 내가 당신을 대하는 태도에는 더욱 집중된 마음이 있다. 이는 행위에도 보이지만 서로에게 건네는 말에서 더욱 두드러진다. 당신은 조개를 줍는 내 치마에 진흙이 묻을 것을 걱정하여 치마를 걷어(올려) 준다. 또한 조개를 가지고 노는 나에게 어린아이 같다고 말한다. 그러고는 금세 내게 금강석을 사다 준다. 아마도 당신에게는 내 '조개'가 아마도 '보석' 같은 것으로 보였나 보다. 동시에 나는 조개 속에서 진주를 얻어서 당신에게 준다. 진주를 건네면서 내가 하는 말은 이 진주를 오직 당신만 지니라는 것이다. 절대로 남에게 빌려주어선 안 된다고 말한다. 건네고 나서 그것의 용처에 간섭하는 마음을 보면 나에게 진주는 단순히 귀한 것만은 아니다. 나는 당신에게 그것을 오직 당신만이 지녀야 한다고 말함으로써 그 진주가 당신에 대한 호감을 표하는 '증여'가 아니라 당신을 향한 나의 마음임을 주지시키고 있는 것이다. 내가 당신을 대하는 마음과 태도는 연모의 감정이고, 당신이 나를 대하는 마음과 태도는 보리심과 자비심처럼 넓다. 어느 것이 더 귀한가. 어느 것이 더 빛나는가. 연모의 감정 편에서는 치마를 걷는 일이 가슴 뛰는 일이다.

이현승 2002년 《문예중앙》 등단. 『대답이고 부탁인 말』 『생활이라는 생각』 『친애하는 사물들』 외.

슬픔의 삼매三昧

하늘의 푸른 빛과 같이 깨끗한 죽음은 군동群動을 정화淨化합니다

허무虛無의 빛[光]인 고요한 밤은 대지大地에 군림君臨하얏습니다

힘 없는 촛불 아래에 사리뜨리고 외로히 누어 있는 오오 님이여

눈물의 바다에 꽃배를 띄었습니다

꽃배는 님을 싣고 소리도 없이 가러앉었습니다

나는 슬픔의 삼매三昧에 「아공我空」이 되얐습니다

꽃향기의 무르녹은 안개에 취醉하야 청춘青春의 광야曠野에 비틀걸음치는 미인美人이여

죽음을 기러기 털보다도 가벼웁게 여기고, 가슴에서 타오르는 불꽃을 얼음처럼 마시는 사랑의 광인狂人이여

아아 사랑에 병들어 자기自己의 사랑에게 자살自殺을 권고勸告하는 사랑의 실패자失敗者여

그대는 만족滿足한 사랑을 받기 위하야 나의 팔에 안겨요

나의 팔은 그대의 사랑의 분신分身인 줄을 그대는 웨 모르서요

* * *

"슬픔의 삼매", 제목부터 범상치 않다. 절망과 좌절의 표상인 "슬픔"에 집중함으로써 고요한 법열의 지혜에 이르고자 하는 역설의 미의식이다. "주검"이 "군동群動", 즉 생명의 역동을 "정화淨化"하고 "허무" 또한 "허무의 빛"이 된다. 3행에 오면 "주검"과 "허무" 위에 외로움이 더해진다. 그래서 세상은 "눈물의 바다"로 표현된다. "님"은 "눈물의 바다"에 띄운 "꽃배"와 함께 "소리도 없이 가라앉"는다. 이때 "나는 슬픔의 삼매"로 진입한다. 그리하여 마침내 '아공我空'에 이른다. 자기 자신을 완전히 내려놓는 '공'에 이르자, '주검', '허무', '슬픔' 또한 해체되고 소멸된다.

그래서 2연부터 시상의 분위기는 새롭게 전환된다. "님"은 "꽃향기의 무르녹은 안개에 취醉하야 청춘靑春의 광야曠野에 비틀걸음치는 미인美人"이 된다. "주검"과 "허무"가 일구어 놓은 "정화"와 "빛"의 무한을 향유하고 있다. 세상사 모든 것이 서로 같지만 다르고 다르지만 같은 상즉상입相卽相入의 관계론적 총체라는 인식이다.

"사랑의 실패자"인 "님"에게 "나의 팔에 안겨" 사랑을 마음껏 누리라고 권유한다. 그러나 사랑을 구원하는 "나의 팔"이 실은 "그대의 사랑의 분신인 줄 왜 모르셔요"라고 되묻는다. 사랑의 실패로 인해 "주검", "허무", 외로움에 질식되었다 하더라도, 그 사랑 또한 나의 마음에서 비롯된 것이다. 그래서 사랑의 실패는 나의 마음에 의해 구원될 수 있다. 사랑 역시 실체가 아니라, 텅 빈 '공空'인 것이다. "슬픔의 삼매"가 도달한 활연한 자재自在의 경지이다.

홍용희 1995년 《중앙일보》 신춘문예 평론 등단. 저서 『꽃과 어둠의 산조』 『현대시의 정신과 감각』 『고요한 중심을 찾아서』 외.

의심하지 마서요

 의심하지 마서요 당신과 떨어져 있는 나에게 조금도 의심을 두지 마서요
 의심을 둔대야 나에게는 별로 관계가 없으나 부질없이 당신에게 고통苦痛의 숫자數字만 더할 뿐입니다

 나는 당신의 첫사랑의 팔에 안길 때에 왼갖 거짓의 옷을 다 벗고 세상에 나온 그대로의 발가벗은 몸을 당신의 앞에 놓았습니다 지금까지도 당신의 앞에는 그때에 놓아둔 몸을 그대로 받들고 있습니다

 만일 인위人爲가 있다면 「어찌하여야 츰 마음을 변치 않고 끝끝내 거짓 없는 몸을 님에게 바칠고」 하는 마음뿐입니다
 당신의 생명이라면 생명의 옷까지도 벗겠습니다

 나에게 죄가 있다면 당신을 그리워하는 나의 「슬픔」입니다
 당신이 가실 때에 나의 입설에 수가 없이 입맞추고 「부대 나에게 대하야 슬퍼하지 말고 잘 있으라」고 한 당신의 간절한 부탁에 위반違反되는 까닭입니다

그러나 그것만은 용서하야 주서요
당신을 그리워하는 슬픔은 곧 나의 생명인 까닭입니다
만일 용서하지 아니하면 후일後日에 그에 대한 별벌罰을 풍우風雨의 봄 새벽의 낙화落花의 수數만치라도 받겠습니다
당신의 사랑의 동아줄에 휘감기는 체형體刑도 사양치 않겠습니다
당신의 사랑의 혹법酷法 아래에 일만 가지로 복종服從하는 자유형自由刑도 받겠습니다

그러나 당신이 나에게 의심을 두시면, 당신의 의심의 허물과 나의 슬픔의 죄를 맞비기고 말겠습니다
당신에게 떨어져 있는 나에게 의심을 두지 마서요 부질없이 당신에게 고통의 숫자를 더하지 마서요

　　　　　　＊ ＊ ＊

"의심하지 마서요"로 시작해서 "부질없이 당신에게 고통의 숫자를 더하지 마서요"로 맺는 이 시에는 감히 건널 수 없는 그리움과 진심이 깊다. 존재와 부재 사이에 놓인 사랑의 본래성은 현실에 대한 명백한 기만이다. 헌신과 복종이 더 이상 사랑의 가치가 아니라고 하지만 자유로운 의지의 선택에서 비롯된 순수와 용기는 사랑에 대한 또다른 동력이 된다.

그리움이 온전히 진실의 시간이 될 때 내 삶의 불미不美는 나의

미흡함 속에 이미 자리하고 있어, 나는 이 불미를 자양분 삼아 현재의 시간을 다독인다. 당신을 그리워하는 슬픔이 나의 죄이기 때문이다. 슬퍼하지 말라는 당신의 당부에 어긋난 일이지만, 위태로운 나를 증거할 수 있는 방법은 이 슬픔뿐. 내 삶의 영위법은 오로지 슬픔에 충실하는 것.

   나의 슬픔은 당신의 의심에서 비롯되지 않는다. 스스로의 마음에 대한 두려움이 큰 탓이다. 두려움과 그리움이 만들어 놓은 미세한 정념의 결을 따라가다 보면 인간이 도달할 수 있는 가장 낮은 곳에 감춰진 사랑의 순결을 응시하게 된다. 그리움이 단순히 결핍이 아닌, 존재 전체로 승화한 사랑임을 깨닫게 된다.

   슬퍼하지 말라는 당신의 말을 지키지 못한 것이 나의 유일한 죄. 시인은 의심이라는 역설적 도구로 사랑의 숭고를 완성한다. 의심하는 자만이 진실에 가까워지고, 그리워하는 자만이 진심에 닿는다.

김병호 2003년 《문화일보》 신춘문예 등단. 시집 『슈게이징』 『백핸드 발리』 외.

당신은

 당신은 나를 보면 웨 늘 웃기만 하서요 당신의 찡그리는 얼골을 좀 보고 싶은데
 나는 당신을 보고 찡그리기는 싫어요 당신은 찡그리는 얼골을 보기 싫어하실 줄을 압니다
 그러나 떨어진 도화가 날어서 당신의 입설을 슬칠 때에 나는 이마가 찡그려지는 줄도 모르고 울고 싶었습니다
 그래서 금실로 수놓은 수건으로 얼골을 가렸습니다

* * *

 마음을 정갈히 가다듬는 시가 있다. 머리 숙여 제 안을 다문다문 살피라 하듯. 우주의 관장 같은 시선이 부드러운 죽비로 다가든다. 그 앞에 한 톨 먼지로 생의 갈피를 뒤적일 동안, 당신은 여전히 웃으며 바라보실까.
 모든 것을 다독이고 끄덕이는 큰 미소. 번뇌 바다며 고행 고삳의 "찡그리는 얼골"의 시간들을 다 지나서야 배어나는 염화시중이 그러할까. 그런데 "늘 웃기만 하"시는 얼굴에도 "떨어진 도화가 날어서 당신의 입설을 슬칠 때"가 있으니! 도무지 어쩔 수 없는, 미적 극치 같은 순간에 아뜩해지며 눈을 감는다. 덩달아 "나는 이마가 찡

그려지는 줄도 모르고 울고 싶었"다는 장면 속으로 스며든다. 웃음과 울음이 섞어 들며 뒤집는 역설의 행간 너머로 도화의 입술들도 길게 흩날린다.

봄의 인중에 도화 소식 스친 지도 한참이나 지났다. 새로 차린 연두 입술들이 초록초록 산하를 키우는 속에도 도화 향은 짙게 남아 있다. '날카로운 첫 키스'보다 아릿한 '도화의 입술 스침'…… "금실로 수놓은 수건으로 얼골을 가"리고 싶어지는 시 그늘에 그윽이 깃들어본다.

정수자 1984년 《세종숭모제 전국시조백일장(장원)》 등단. 시집 『인칭이 점점 두려워질 무렵』 외, 저서 『한국 현대시의 고전적 미의식』 외.

행복幸福

  나는 당신을 사랑하고 당신의 행복을 사랑합니다 나는 왼 세상 사람이 당신을 사랑하고 당신의 행복을 사랑하기를 바랍니다
  그러나 정말로 당신을 사랑하는 사람이 있다면 나는 그 사람을 미워하겠습니다 그 사람을 미워하는 것은 당신을 사랑하는 마음의 한 부분입니다
  그러므로 그 사람을 미워하는 고통도 나에게는 행복입니다

  만일 왼 세상 사람이 당신을 미워한다면 나는 그 사람을 얼마나 미워하겠습니까
  만일 왼 세상 사람이 당신을 사랑하지도 않고 미워하지도 않는다면 그것은 나의 일생에 견딜 수 없는 불행입니다
  만일 왼 세상 사람이 당신을 사랑하고자 하야 나를 미워한다면 나의 행복은 더 클 수가 없습니다
  그것은 모든 사람의 나를 미워하는 원한怨恨의 두만강豆滿江이 깊을수록 나의 당신을 사랑하는 행복幸福의 백두산白頭山이 높어지는 까닭입니다

* * *

  나는 당신을 사랑해서 행복합니다. 당신이 행복하기를 바라는

사랑이고 온 세상 사람들이 내가 사랑하는 당신을 사랑해 주기를 바라는 사랑입니다. 그러나 내가 사랑하는 사람을 누군가가 진정 사랑한다면 미웁고 고통스럽습니다. 허나 내 사랑은 고통도 행복으로 바꾸어 놓습니다. 사랑은 이토록 모순적이고 이기적입니다. 사랑의 방식은 오직 당신에서 나는 찬란한 구속을 바랍니다. 행복한 구속을 사랑합니다. 그리하여 마침내 나는 당신을 가집니다. 당신의 눈빛, 당신의 미소, 당신의 머리카락, 당신의 뒷모습, 당신의 목소리를 나는 가집니다. 그 누구도 가지면 아니 될 당신을, 나는 당신 안에 머무르고 있기 때문입니다. 당신이 내 안에 머무르고 있기 때문입니다. 사랑하는 당신이여, 당신을 사랑하지 않아도 행복하였던 때가 있었을까요. 나는 질투에 눈이 멀고 그 고통에 숨이 가빠져도 나의 사랑이 활활 타오르는 불길보다 쏟아지는 폭포보다 하늘이 찢기는 번개보다 더 강렬하다고 생각합니다. 사랑하지 않아 불행한 것입니다. 만일 누군가가 당신을 미워한다면 그 사람을 죽도록 미워하겠습니다. 그러나 아무도 사랑하지 않고 미워하지도 않는다면, 나는 행복하지 않습니다. 당신의 존재가 나의 존재의 이유이기 때문입니다. 나는 당신이 온 세상 사람으로부터 사랑을 온전히 받기를 바랍니다. 이것은 나의 사랑의 방식입니다. 이 모순의 사랑에서 나는 완전한 행복을 가집니다.

 내가 당신을 사랑한 순간부터 나는 행복에 감싸여 당신을 바랍니다. 나는 행복한 사람 당신을 사랑하는 사람입니다.

김예강 2005년 《시와사상》 등단. 시집 『가설정원』 『오늘의 마음』 『고양이의 잠』.

착인錯認

나려오서요 나의 마음이 자릿자릿 하여요 곧 나려오서요
사랑하는 님이여 어찌 그렇게 높고 가는 나뭇가지 위에서 춤을 추서요
두 손으로 나뭇가지를 단단히 붙들고 고히고히 나려오서요
에그 저 나무 잎새가 연꽃 봉오리 같은 입설을 슬치겠네 어서 나려오서요

「녜 녜 나려가고 싶은 마음이 잠자거나 죽은 것은 아닙니다마는 나는 아시는 바와 같이 여러 사람의 님인 때문이여요 향기로운 부르심을 거스르고자 하는 것은 아닙니다」고 버들가지에 걸린 반달은 해쭉해쭉 웃으면서 이렇게 말하는 듯하얐습니다
나는 적은 풀잎만치도 가림이 없는 발게벗은 부끄럼을 두 손으로 움켜쥐고 빠른 걸음으로 잠자리에 들어가서 눈을 감고 누었습니다
나려오지 않는다든 반달이 사뿐사뿐 걸어와서 창밖에 숨어서 나의 눈을 엿봅니다
부끄럽든 마음이 갑작히 무서워서 떨려집니다

* * *

사랑하는 사람의 마음은 지고지순하다. 그만큼으로 상대 연인도 나에게 와주길 바란다. 하지만 그 단계를 넘는 사랑의 속성 중에 독점적 소유욕만큼 강렬한 것은 없다. 그 욕구가 충족이 안 되면 좌절하거나 괴로워하거나 심지어 각종 사고를 일으키기도 한다.

그 욕구는 종교인에게도 마찬가지다. 자기가 사랑하는 신이 자기에게만은 꼭 임하기를 바란다. 그리하여 "내 아들만큼은 꼭 일류대에 가게 해주소서."하고 기도한다. 아무리 전지전능한 신이라지만 70억 인구가 너나없이 자기만의 입장에서 기도하고, 또 신이 암에 걸린 남편을 낫게 해주었다고 자랑한다면, 신은 각자에게 일일이 임하느라 갈기갈기 찢겨져 버릴 것이다.

하지만 그 신(님)은 "아시는 바와 같이 여러 사람의 님인 때문"에 어느 한 사람 만의 신이 될 수 없다. 어느 한 종교 집단의 울타리에 갇혀 그들의 조종대로 움직일 리도 만무하다. 그럼에도 '착인錯認'과 광신으로 타자들의 생각과 믿음은 배척하고, 자기의 신이나 믿음 속으로 타자를 동일화하고 지배하려는 종교인들이 무수히 많다.

신은 응답하는 분이 아니다. 신을 믿는다는 것은 자기 안의 신성성, 자기 안의 불성을 발견한다는 것이다. 고요한 기도나 명상이나 참선 가운데 세속의 때를 닦아내고 자기의 본래면목까지를 들여다보는 사람에게 신은 반달처럼 사뿐사뿐 걸어와서 "창밖에 숨어서 나의 눈을 엿"보는 존재로 우리 마음에 숨어든다. 그때 우리는 스스로 신이 되고 부처가 된다.

고재종 1984년 《실천문학》 등단. 시집 『독각』 『고요를 시청하다』 『꽃의 권력』 외.

밤은 고요하고

　밤은 고요하고 밤은 물로 시친 듯합니다
　이불은 개인 채로 옆에 놓아두고 화롯불을 다듬거리고 앉았습니다
　밤은 얼마나 되얐는지 화롯불은 꺼져서 찬 재가 되었습니다
　그러나 그를 사랑하는 나의 마음은 오히려 식지 아니하얐습니다
　닭의 소리가 채 나기 전에 그를 만나서 무슨 말을 하얐는데 꿈조처 분명치 않습니다그려

＊＊＊

　만해의 시는 관념적 주제를 구체화한 감각적 표현이 돋보입니다. 다양한 감각적 표현은 시에 생동감을 불어넣을 뿐만 아니라 관념을 실체화하면서, 시를 한층 정감 있게 다가오게 하지요. 그러므로 만해의 시는 매우 심오한 종교적·사상적 주제를 지향하면서도, 대단히 감각적인 표현을 구현해 내는 거지요. 그것은 바로 만해 시의 직접적인 전달 효과를 위한 하나의 방법, 즉 관념을 구체화하기 위해서 만해가 추구한 시적 형상화의 한 방편이었던 것입니다. 보십시오. 이 시를 감싸고 있는 청각, 시각, 촉각은 이 짧은 시에서도 고

요한 밤을 견인하는 시인의 내면세계를 깊이 있게 외면화하고 있지 않습니까. 이 시에 동원된 감각들은 극도로 정적이고 심오한 의식세계를 밖으로 끌어내 정서적으로 증폭시켜 주고 있습니다.

시인은 밤의 고요하고 단정한 시간 속에 앉아 이불은 펴지 않고 화롯불을 다듬고 있습니다. 이미 화롯불은 꺼져 흰 재로 남았지요. 그러나 시인의 사랑은 절대로 식지 않습니다. 오히려 그에 대한 사랑은 강렬히 타오를 뿐, 닭 소리 나기 전 그를 만나 말을 주고받기도 했지요. 그런데 그게 꿈결이었는지 분명치 않은 채로 밤은 고요하고 시인은 밤을 지새웁니다. 시인의 마음속에 들끓는 그에 대한 사랑은 화롯불의 재가 식어가며 한결 더 깊어가는 겁니다. 이렇듯 사랑은 언제라도 깨어 있는 것이지요. 하여 밤이 깊을수록 그에 대한 사랑은 꿈과 현실의 구분 없이 넘나들며 영원히 그와 함께하려는 것입니다.

김완하 1987년 《문학사상》 등단. 시집 『길은 마을에 닿는다』 『집 우물』 『마정리 집』 외, 저서 『김완하의 시 속의 시 읽기』 외.

비밀秘密

비밀秘密입니까 비밀이라니요 나에게 무슨 비밀이 있겄습니까
  나는 당신에게 대하여 비밀을 지키랴고 하얐습니다마는 비밀은 야속히도 지켜지지 아니하얐습니다

  나의 비밀은 눈물을 거쳐서 당신의 시각視覺으로 들어갔습니다
  나의 비밀은 한숨을 거쳐서 당신의 청각聽覺으로 들어갔습니다
  나의 비밀은 떨리는 가슴을 거쳐서 당신의 촉각觸覺으로 들어갔습니다
  그 밖의 비밀은 한 쪼각 붉은 마음이 되야서 당신의 꿈으로 들어갔습니다
  그리고 마즈막 비밀은 하나 있습니다 그러나 그 비밀은 소리 없는 메아리와 같아서 표현表現할 수가 없습니다

* * *

비밀은 비밀을 품고 있는 대상의 바깥으로는 양가적 상태에 놓인다. 비밀이 잘 은폐되어 있을 때는 그것은 아무것도 없는 상태이기

때문이다. 비밀이 있음을 인지하기. 일단 그 비밀의 존재를 인지한다면 그 비밀은 더 이상 비밀이 될 수 없다. 숨겨진 것의 형태와 윤곽이 드러난다는 것은 비밀의 대부분이 드러나는 것과 다를 것이 없기 때문이다. 숨겨진 것은 언제나 숨기려는 대상을 향해 열려 있다. 비밀의 최종적인 목적은 어쩌면 정확한 대상에게만 들켜야 하는 목적을 가지고 있는 것인지도 모른다. 긍정보다는 부정이 더욱 강한 긍정이 되는 모순된 언어가 있다. "비밀을 지키랴고 하였습니다마는, 비밀은 야속히도 지켜지지 아니하"는 상태가 된다. 감출수록 명확하게 드러나는 태도가 있다. 눈으로 그것을 읽을 수 있을 것이고, 대상 앞에서 저절로 떨리는 말투는 부자연스러워서 저절로 알게 된다. 잠시 스치는 손길에도 두근거림이 손끝에까지 드러나 진동을 감지할 수 있다. 이제 비밀을 가진 화자는 그 비밀의 내부까지 들키기를 원한다. 정확히는 원하지 않으면서도 그 마음이 전달되기를 바라는 것이다. "마즈막 비밀은" 그래서 "소리 없는 메아리와 같"다. 화자가 향한 비밀의 대상도 나와 같은 비밀을 품고 있기를 바라는 마음이 있다. 그래서 그 "마즈막 비밀"은 나를 향해 있다. 대상의 마음은 내가 온전히 알 수 없는 상태이기 때문이다. 비밀은 비밀로 있을 때까지 비밀이다. 비밀은 안전하게 사실이 되기를 원하는 은폐이다.

김건영 2016년 《현대시》 등단. 시집 『파이』 『널』이 있음.

사랑의 존재存在

사랑을 「사랑」이라고 하면 벌써 사랑은 아닙니다

사랑을 이름지을 만한 말이나 글이 어데 있습니까

미소微笑에 눌려서 괴로운 듯한 장밋薔薇빛 입설인들 그것을 슬칠 수가 있습니까

눈물의 뒤에 숨어서 슬픔의 흑암면黑闇面을 반사反射하는 가을 물결의 눈인들 그것을 비칠 수가 있습니까

그림자 없는 구름을 거쳐서 메아리 없는 절벽絶壁을 거쳐서 마음이 갈 수 없는 바다를 거쳐서 존재存在? 존재입니다

그 나라는 국경國境이 없습니다 수명壽命은 시간時間이 아닙니다

사랑의 존재는 님의 눈과 님의 마음도 알지 못합니다

사랑의 비밀秘密은 다만 님의 수건手巾에 수繡놓는 바늘과 님의 심으신 꽃나무와 님의 잠과 시인詩人의 상상想像과 그들만이 압니다

* * *

90년대 중후반 백담사 툇마루에 앉아 여러 선배 시인들과 함께 만해의 시에 대해서 이야기를 나누었다. 나는 그때까지 몰랐다. 만

해 시의 융숭함과 역설적 미학이 단숨에 진리에 가 닿는 사실을 아는데 50년이 넘는 시간이 걸린 셈이다.

"사랑을「사랑」이라고 하면, 벌써 사랑은 아닙니다"라는 저 기표와 기의에 대한 불일치적 인식이야말로 만해의 사상적 기저라 할 것이다. 더욱이 "사랑을 이름지을 만한 말이나 글이 어데 있습니까"라는 물음은 불립문자不立文字라 하는 선불교의 언어관을 여실히 보여준다. 만해의 주문과 같은 역설적 시구절은 정서적 문제라기보다는 사상의 문제로 환치된다. 만해가 위대한 이유가 여기 있다. 인간이 사랑을 규정하는 순간 사랑은 존재하지 않는다. 사랑은 "마음이 갈 수 없는 바다를 거쳐서"야만 존재하는 것이다. 사랑의 나라에는 국경이 없다는 진술은 어떠한 제약으로부터도 사랑은 자유롭다는 것을 뜻한다. 사랑의 존재를 확인할 수 있는 길은 님의 마음 혹은 눈이라는 육체성을 통해서가 아니라 님과 관련된 미묘한 지점에 의해서 가능하다. "님의 수건手巾에 수繡놓는 바늘과 님의 심으신 꽃나무와 님의 잠과 시인詩人의 상상想像"과 같은 것을 통하여 사랑의 실체를 확인할 수 있다. 대상에 대한 전폭적인 사랑이 아니라 님의 정성스러운 손길 그리고 실제가 아니라 끝없는 상상력에 의해 빚어지는 미묘한 실체가 사랑인 셈이다. 그러니 사랑은 없다. 그러나 사랑은 있다.

우대식 1999년 《현대시학》 등단. 시집 『늙은 의자에 앉아 바다를 보다』 『단검』 『설산 국경』 『베두인의 물방울』 외.

꿈과 근심

밤근심이 하 길기에
꿈도 길 줄 알었더니
님을 보러 가는 길에
반도 못 가서 깨었고나

새벽 꿈이 하 쩌르기에
근심도 쩌를 줄 알었더니
근심에서 근심으로
끝 간 데를 모르겠다

만일 님에게도
꿈과 근심이 있거든
차라리
근심이 꿈 되고 꿈이 근심 되여라

* * *

보통명사로서의 꿈은 '잠자는 동안 겪는 가상현실 체험'이고, 추상명사로서의 꿈은 '실현하고 싶은 희망이나 이상'을 말한다. '실현하고 싶은'이란 말은 '실현 가능성이 적은 헛된 기대나 생각'까지 포함한다. 프로이트는 꿈을 자신의 억제된 소원 충동으로 가는 안내자요, 무의식의 문을 두드리는 열쇠라고 했다. 만해의 꿈도 이러한 연장선에서 조국의 광복과 불교적 깨달음에 이르는 것이라고 유추할 수 있다. 꿈은 곧 희망이다. 희망은 신념을 잉태하고, 신념은 목표를 세우게 하고, 목표는 계획과 실천을 부르는 법인데, 만해의 삶이 딱 그러했다. 하지만 그의 꿈은 '근심'을 동반했다. 자신의 노력을 뒤받쳐 줄 환경과 운을 바랄 수 없었기 때문이다.

  밤은 어둠의 시간이고, 어둠은 식민 치하의 암울한 시대 상황을 상징한다. 새벽은 아침에 가까운 시간이니 광복의 희망이라 하겠다. 이 시에서 밤의 근심이 너무 길어 꿈을 깨고 마는 상황과, 새벽에도 근심이 그치지 않는 상황의 대비는 화자의 희망과 불화하는 현실에 대한 알레고리로 이해할 수 있다. 그래서 화자는 '님'(아마도 우리 국민)에게 "차라리/ 근심이 꿈 되고 꿈이 근심 되어라"라며 근심은 더 짧아지고, 꿈은 더 길게 이어지기를 꿈꾸고 있는 것이다. 한편, 이 시는 시조에 가깝다. 4음보 연속체의 시조 율격을 따르고 있고, 마지막 두 행은 시조의 종장과도 일치한다. 시와 시조를 함께 썼던 만해 시의 또 다른 일면이리라. 리드미컬한 시조 율격으로 전하는 '님'에 대한 사랑의 기도가 곡진하다.

임채성 2008년 《서울신문》 신춘문예 시조 등단. 시집 『세렝게티를 꿈꾸며』 『야생의 족보』 『메께라』 외.

포도주葡萄酒

　가을바람과 아츰볕에 마치맞게 익은 향기로운 포도를 따서 술을 빚었습니다 그 술 고이는 향기는 가을하늘을 물들입니다
　님이여 그 술을 연잎잔에 가득히 부어서 님에게 드리겠습니다
　님이여 떨리는 손을 거쳐서 타오르는 입설을 취기서요

　님이여 그 술은 한 밤을 지나면 눈물이 됩니다
　아아 한밤을 지나면 포도주가 눈물이 되지마는 또 한밤을 지나면 나의 눈물이 다른 포도주가 됩니다 오오 님이여

* * *

　「포도주」는 사랑의 슬픔과 그리움, 그리고 시간이 지나며 변해가는 감정의 흐름을 깊이 탐구한 시다. 포도주를 통해 사랑이라는 감정이 어떻게 변하고, 그 안에서 고통과 위안이 어떻게 얽혀 있는지 통찰한다. 시의 시작에서 "가을바람과 아츰볕에 마치맞게 익은 향기로운 포도를 따서 술을 빚었습니다"라는 구절은, 사랑이 시작되는 순간의 설렘과 아름다움을 담고 여기에 '포도'라는 자연물은 단순히 술의 재료를 넘어, 그 자체로 사랑의 여정을 상징하는 중요한 열쇠로 작용한다. 이 시에서 포도주는 더 이상 한 잔의 술이 아니

라 시간과 사랑, 그리고 이 모든 감정의 집합체이다. 술 고이는 향기가 "가을하늘을 물들"이고, 그 술을 통해 님과의 교감이 이루어지지만, 이 술이 결국 "한 밤을 지나면 눈물이" 되어, 사랑이 필연적으로 동반하는 슬픔을 암시한다. 시간의 흐름을 이야기하는 "그 술은 한 밤을 지나면 눈물이 된다"는 사랑의 끝자락에서 마주하는 고독과 상실감을 직시하고, "나의 눈물이 다른 포도주가 됩니다"라는 문장은 그 감정이 계속해서 순환하며, 새로운 형태로 살아남는다는 사실을 드러낸다. 이 시에서 한용운은 사랑이란 감정의 순환을 절망적이지 않고, 끊임없이 재생되는 현상으로 묘사한다. 눈물이 되어도 그것은 다시 포도주가 되고, 다시 사랑으로 변할 수 있다는 믿음을 시인은 품고 있는 것이다. 그 안에서 시인은 사랑이 주는 고통과 기쁨, 그 양면성을 동시에 받아들이며, 사랑의 모순적이면서도 지속적인 본질을 탐구한다.

박은정 2011년 《시인세계》 등단. 시집 『아무도 모르게 어른이 되어』 『밤과 꿈의 뉘앙스』 『아사코의 거짓말』.

비방誹謗

 세상은 비방誹謗도 많고 시기猜忌도 많습니다
 당신에게 비방과 시기가 있을지라도 관심關心치 마서요
 비방을 좋아하는 사람들은 태양太陽에 흑점黑點이 있는 것도 다행으로 생각합니다
 당신에게 대하야는 비방할 것이 없는 그것을 비방할는지 모르겠습니다

 조는 사자獅子를 죽은 양羊이라고 할지언정 당신이 시련試鍊을 받기 위하야 도적盜賊에게 포로捕虜가 되얐다고 그것을 비겁卑怯이라고 할 수는 없습니다
 달빛을 갈꽃으로 알고 흰 모래 위에서 갈마기를 이웃하야 잠자는 기러기를 음란하다고 할지언정 정직正直한 당신이 교활狡猾한 유혹誘惑에 속혀서 청루青樓에 들어갔다고 당신을 지조志操가 없다고 할 수는 없습니다
 당신에게 비방과 시기가 있을지라도 관심치 마서요

＊ ＊ ＊

 "세상은 비방誹謗도 많고 시기猜忌도 많습니다"

"당신에게 비방과 시기가 있을지라도 관심치 마서요"

부드러운 진심이다. 가슴을 적시는 나직한 위로다. 태양의 흑점, 비방할 것이 없는 것을 비방함, 조는 사자와 죽은 양, 갈매기와 기러기까지 가지 않아도 시를 여닫는 처음과 끝의 문장만으로도 충분한 위로다. 그 위로는 비방이 주는 불안과 분노를 잠재우는 데 그치지 않는다. 비방誹謗 앞에서 흔들리지 않는 비방秘方을 내민다. 그러면 나의 정직과 지조를 더는 의심하지 않아도 된다. 음란과 교활함과 청루라는 유혹 앞에 흔들리지 않을 확신을 준다. 나아가 남을 시기하고 비방하고 싶은 유혹을 돌아보게 하는 역지사지로 우리의 정신을 확장시킨다. 삶은 대체로 밝고 맑지만 자주 위협받아 혼탁하다. 끝을 모르고 치닫는 편 가르기에 모두 지쳐가는 요즘 정신적 지주가 되어 줄 가르침은 절실하다.

만해의 시는 선사의 가르침이다. 그런데 지루하지 않고 산뜻하다. 훈계나 설득이 아닌 놀랍고 신선한 감동이다. "달빛을 갈꽃으로 알고 흰 모래 위에서 갈마기를 이웃하야 잠자는 기러기"인 줄 모르던 나를 돌아보게 한다. 나를 시기하고 비방한 이들에게 맞받아친 모진 힐난을 참회하게 한다. 아름답고 감동적인 한 편의 선시 '비방'은 비방과 시기의 덫에 빠져 지독히 고독한 중생들을 위한 한 편의 깨달음이다. 어두운 세상을 구원하는 진언이다. 그래서 시 '비방誹謗'은 내밀하고 신묘한 '비방秘方'인 것이다.

한보경 2009년 《불교문예》 등단. 시집 『거기가 여기였을 때』 『덤, 덤』, 산문집 『사탕과 버찌』.

「?」

　희미한 졸음이 활발한 님의 발자최 소리에 놀라 깨여 무거운 눈썹을 이기지 못하면서 창을 열고 내다보았습니다
　동풍에 몰리는 소낙비는 산모롱이를 지나가고 뜰 앞의 파초잎 위에 빗소리의 남은 음파音波가 그늬를 뜁니다
　감정感情과 이지理智가 마조치는 찰나刹那에 인면人面의 악마惡魔와 수심獸心의 천사天使가 보이랴다 사러집니다

　흔들어 빼는 님의 노랫가락에 첫 잠든 어린 잔나비의 애처로운 꿈이 꽃 떨어지는 소리에 깨었습니다
　죽은 밤을 지키는 외로운 등잔불의 구슬 꽃이 제 무게를 이기지 못하야 고요히 떨어집니다
　미친 불에 타오르는 불쌍한 영靈은 절망絶望의 북극北極에서 신세계新世界를 탐험探險합니다

　사막沙漠의 꽃이여 그믐밤의 만월滿月이여 님의 얼골이여
　피랴는 장미화薔薇花는 아니라도 갈지 안한 백옥白玉인 순결純潔한 나의 입설은 미소微笑에 목욕沐浴감는 그 입설에 채 닿지 못하얏습니다
　움직이지 않는 달빛에 눌리운 창에는 저의 털을 가다듬는 고양

이의 그림자가 오르락나리락 합니다

아아 불佛이냐 마魔냐 인생人生이 티끌이냐 꿈이 황금黃金이냐
적은 새여 바람에 흔들리는 약한 가지에서 잠자는 적은 새여

* * *

3·1 독립선언 기획자의 한 사람으로서 3년의 옥고를 치르고 출옥한 만해는 백담사로 찾아들게 된다. 과거제가 사라진 구한말, 무엇을 할 것인가 방황하던 만해의 인생 역정에서 유생의 길을 걷다가 불가의 길로 새로 태어날 수 있게 한 곳이 바로 백담사이다. 엄마의 품속과도 같은 설악의 백담사와 오세암을 오르내리며 만해는 깊은 사색의 결과물인 「십현담 주해」를 탈고한다. 이 탈고를 계기로 깨달음의 분상과 방법을 설파하고, 곧이어 조국의 광복 운동으로 님을 기리고 찾아야 하는 당위성으로 「님의 침묵」을 단숨에 써 내려가다가 잠시 멈춘 듯하다. 마치 나 자신에게 삼천 배를 할 때, 천사와 악마가 교체돼서 보이듯. 과연 내가 쓰고 다지며 지금까지 갈파한 시들이 바르게 민중들에게 이를 수 있는가 하는 생각을 다듬는 듯한 중간 점검을 하는 시詩로 보인다.

"아아 불佛이냐 마魔냐 인생人生이 티끌이냐 꿈이 황금이냐
적은 새여 바람에 흔들리는 약한 가지에서 잠자는 적은 새여"

이병교 2022년 《문학과의식》 등단.

님의 손길

　님의 사랑은 강철鋼鐵을 녹이는 불보다도 뜨거운데 님의 손길은 너머 차서 한도限度가 없습니다
　나는 이 세상에서 서늘한 것도 보고 찬 것도 보았습니다 그러나 님의 손길같이 찬 것은 볼 수가 없습니다

　국화 핀 서리 아츰에 떨어진 잎새를 울리고 오는 가을 바람도 님의 손길보다는 차지 못합니다
　달이 적고 별에 뿔나는 겨울밤에 얼음 위에 쌓인 눈도 님의 손길보다는 차지 못합니다
　감로甘露와 같이 청량淸凉한 선사禪師의 설법說法도 님의 손길보다는 차지 못합니다

　나의 작은 가슴에 타오르는 불꽃은 님의 손길이 아니고는 끄는 수가 없습니다
　님의 손길의 온도溫度를 측량測量할 만한 한난계寒暖計는 나의 가슴밖에는 아모 데도 없습니다
　님의 사랑은 불보다도 뜨거워서 근심 산山을 태우고 한恨 바다를 말리는데 님의 손길은 너머도 차서 한도가 없습니다

* * *

   사랑은 호흡과 같다. 공기를 들이마시고 내쉬는 동안 호흡근呼吸筋이 자기도 모르게 가슴안의 부피를 늘렸다 줄이며 공기의 통로를 만들 듯, 사랑은 우리의 삶을 확장시키기도 축소시키기도 한다. 사랑을 해본 사람은 알 것이다. 말하지 않아도 알 수 있는 미세한 '손길', 그 누구도 모르지만 혼자만 오롯이 알게 되는 그 설렘의 감각을. 작은 움직임만으로도 자신이 얼마나 사랑을 하고 있는지, 사랑을 받고 있는지를. 사랑을 할 때는 봄 여름 가을 겨울의 경계가 사라진다. 아침과 밤의 경계가 사라지고, 나와 너의 경계는 초월된다. 사랑하는 사람의 '손길'이 닿을 때면 이전의 삶과 다른 삶이 펼쳐진다. 불가능한 것들이 가능해진다. 사랑의 온도를 "강철鋼鐵을 녹이는 불보다" 뜨겁다고 말하는 것은 그래서 어쩌면 당연하다. 사랑을 하는 동안 우리는 희망과 행복, 믿음의 세계에서 형태나 성질을 바꿔가며 평온해지기 때문이다. 그러나 다정하고 섬세했던 '손길'이 멈추었을 때, '사랑'이 더 이상 '사랑'으로 감각되지 않을 때, 밀려오는 슬픔과 외로움, 불안은 우리의 모든 것을 파괴한다. 온 우주가 얼어붙어 한 발짝도 움직일 수 없는 공간 속에 홀로 서 있게 만든다. 만해의 「님의 손길」은 그 차가운 온도를 보여주는 방식으로 우리에게 결국 사랑하라, 사랑하라고 나직이 읊조린다.

김지녀 2007년 《세계의문학》 등단. 시집 『시소의 감정』 『양들의 사회학』 『방금 기이한 새소리를 들었다』.

해당화 海棠花

  당신은 해당화 피기 전에 오신다고 하얏습니다 봄은 벌써 늦었습니다
  봄이 오기 전에는 어서 오기를 바랐더니 봄이 오고 보니 너머 일즉 왔나 두려합니다

  철모르는 아해들은 뒤동산에 해당화가 피었다고 다투어 말하기로 듣고도 못 들은 체 하얏더니
  야속한 봄바람은 나는 꽃을 불어서 경대위에 노입니다그려
  시름없이 꽃을 주어서 입설에 대히고 「너는 언제 피였니」 하고 물었습니다
  꽃은 말도 없이 나의 눈물에 비쳐서 둘도 되고 셋도 됩니다

* * *

  누군가를 혹은 무언가를 기다리는 마음은 그것이 간절할수록 한 가지 마음으로 모입니다. 다른 마음은 필요 없습니다. 그저 기다리는 것. 그저 기다리면서 시간을 보내는 수밖에 달리 도리가 없습니다. 찾아 나선다고 기다리는 그 누군가가 만나진다면 진작에 나섰겠지요. 그조차 소용없거나 불가능한 일이니 기다리는 수밖에요.

당신이 오기를. 당신으로 호명되는 그 모든 간절함의 대상이 이제라도 오기를. 이제가 아니면 저제라도 오기를 기다리는 수밖에요.

  기다리는 마음은 그래서, 그래서라도 한 가지 생각으로만 모일 수가 없습니다. 그렇게도 기다리는 당신이 오는지 안 오는지, 온다면 언제 오는지, 오다가 무슨 변고가 생긴 것은 아닌지, 오다가 마음을 달리 먹은 것은 아닌지, 기다리는 사람은 기다린다는 그 마음 하나에 천만 가지 생각을 붙여가면서 기다립니다. 간절할수록 그 생각의 갈래는 종을 못 잡을 정도로 흩어지고 달아나는데, 와중에도 바람을 따라 계절을 따라 무심히 내려앉는 꽃잎이 있습니다. 무심히 내려앉는 꽃잎을 따라 마음은 다시 한 가지로 모입니다.

  당신은 아직 오지 않았고 여태도 오지 않았고 해당화 피기 전에 오겠다던 당신의 약조만 남아서 다 지나가는 봄밤을 밝힙니다. 경대 위에 내려앉았다가 입술에도 닿았다가 마침내 눈물방울에 흩어지는 꽃잎의 잔상만 남습니다. 당신이 약조했던 해당화 꽃잎만 무심히 남아서 당신을 비춥니다. 다 지나가는 봄을 붙잡고 당신을 기다립니다. 꽃잎이 다 지고서도 오는 당신을.

김언 1998년 《시와사상》 등단. 시집 『한 문장』 『너의 알다가도 모를 마음』 『백지에게』 외.

당신을 보았습니다

  당신이 가신 뒤로 나는 당신을 잊을 수가 없습니다
  까닭은 당신을 위하나니보다 나를 위함이 많습니다

  나는 갈고 심을 땅이 없음으로 추수秋收가 없습니다
  저녁거리가 없어서 조나 감자를 꾸러 이웃집에 갔더니 주인主人은 「거지는 인격人格이 없다 인격이 없는 사람은 생명生命이 없다 너를 도와주는 것은 죄악罪惡이다」고 말하얏습니다
  그 말을 듣고 돌아 나올 때에 쏟아지는 눈물 속에서 당신을 보았습니다

  나는 집도 없고 다른 까닭을 겸하야 민적民籍이 없습니다.
  「민적 없는 자者는 인권人權이 없다 인권이 없는 너에게 무슨 정조貞操냐」하고 능욕凌辱하랴는 장군將軍이 있었습니다
  그를 항거抗拒한 뒤에 남에게 대한 격분激憤이 스스로의 슬픔으로 화化하는 찰나刹那에 당신을 보았습니다
  아아 왼갖 윤리倫理 도덕道德 법률法律은 칼과 황금黃金을 제사祭祀지내는 연기煙氣인 줄을 알았습니다
  영원永遠의 사랑을 받을까 인간역사人間歷史의 첫 페지에 잉크칠을 할까
  술을 마실까 망설일 때에 당신을 보았습니다

* * *

우리 민족이 일본에게 주권을 빼앗긴 시기는 강압적인 을사늑약을 맺은 때(1905년 11월)부터이다. 만해는 우리 민족이 마땅히 주장해야 할 주권을 상실하고 만 것을 당신 곧 님이 가신 것이라고 말하고 있다.

그러나 절망적인 순간 쏟아지는 눈물 속에 님을 보았고, 나라를 빼앗긴 분노와 슬픔 속에 님을 보았고, 한없는 좌절과 절망 속에서도 꿋꿋이 일어서야 한다는 신념을 다지면서 님과의 만남을 기다리고 또 기다리는 영원한 사랑을 나는 믿는 것이다.

해방을 맞은 것은 1945년 8월. 일제 식민지 암흑 시기를 겪어낸 기간이 무려 40년간이었다. 하지만 그렇게 광복이 곧 우리 민족의 독립으로 이어진 것은 아니었다. 돌이켜보건대 태평양전쟁을 일으킨 주체는 일본이건만 전범 국가 일본에게 국토 분단의 징벌이 내려지지 않았다.

일본의 항복을 받아낸 미국이 한반도를 분단한 건 일본의 속국으로 인정한 미국의 인식 탓이었다. 그렇게 대한민국은 지금도 어처구니없는 전범 국가의 멍에를 뒤집어쓴 채 국토 분단, 민족 분단의 운명을 80년째 이어가고 있다. 그 원죄의 발원 시기가 120년 전 1905년 을사년이었기 때문이다.

강인한 1967년 《조선일보》 신춘문예 등단. 시집 『입술』 『두 개의 인상』 『장미열차』 외.

비

비는 가장 큰 권위權威를 가지고 가장 좋은 기회機會를 줍니다
비는 해를 가리고 하늘을 가리고 세상 사람의 눈을 가립니다
그러나 비는 번개와 무지개를 가리지 않습니다

나는 번개가 되야 무지개를 타고 당신에게 가서 사랑의 팔에 감기고자 합니다
비 오는 날 가만히 가서 당신의 침묵沈默을 가져온대도 당신의 주인은 알 수가 없습니다

만일 당신이 비 오는 날에 오신다면 나는 연蓮잎으로 윗옷을 지어서 보내겠습니다
당신이 비 오는 날에 연잎 옷을 입고 오시면 이 세상에는 알 사람이 없습니다
당신이 비 가온데로 가만히 오셔서 나의 눈물을 가져가신대도 영원永遠한 비밀秘密이 될 것입니다
비는 가장 큰 권위를 가지고 가장 좋은 기회를 줍니다

* * *

백 년 전 연인들의 연애는 어땠을까, 지금 창밖에는 비가 내리고

초록의 식물들은 순한 짐승처럼 비를 맞는다. 한용운의 시 「비」를 읽는다. 시의 첫 문장에서 "비는 가장 큰 권위權威를 가지고 가장 좋은 기회機會를 줍니다/ 비는 해를 가리고 하늘을 가리고 세상 사람의 눈을 가립니다"라는 문장이 나온다. 권위權威, 기회機會라는 시어는 다정하지 않다. 그러나 곧 열정적이고 낭만적인 시인의 심리가 그대로 드러난다. 시 속의 연인들은 불온한 연애를 하는 것이다. 시대를 넘어 금기와 불온의 연애는 존재하는 것이다. 시 속의 연애는 개방성을 가지지 못하고 "번개가 되어 무지개를 타고 당신에게 가"고자 하며, "연잎 옷을 입고 오시면 이 세상에는 알 사람이 없습니다"라고 한다. 그들의 만남은 세상으로부터 차단된 은밀성을 탐닉하며 비를 핑계로 연인들은 외부의 어떤 간섭도 받지 않는 오직 두 사람의 순간을 만끽하고자 한다. 마지막 구절에서 다시 "비는 가장 큰 권위를 가지고 가장 좋은 기회를 줍니다"라고 표현되며 비가 제공하는 은밀함과 자유는 비의 감옥이자 사랑의 감옥이 되는 것이다. 그리하여 '비'는 화자에게는 가장 큰 권위이자 소중한 기회임을 보여준다. 즉, 세상의 시선으로부터 자유로운 사랑, 오직 두 사람만이 공유하는 비밀스러운 사랑을 표현하는 화자의 마음이 시 전체에 녹아 있다. 비는 단순한 자연 현상이 아니라, 화자의 내면과 깊이 연결된 상징적인 존재로 기능하고 있으며 이러한 상징적인 표현과 은유를 통해 한용운 시의 「비」는 독특한 분위기와 감정이 극대화된다.

손음 1997년 《부산일보》 신춘문예, 《현대시학》 등단. 시집 『고독한 건물』 『누가 밤의 머릿결을 빗질하고 있나』 『칸나의 저녁』.

복종 服從

　남들은 자유自由를 사랑한다지마는 나는 복종服從을 좋아하여요
　자유를 모르는 것은 아니지만 당신에게서는 복종만 하고 싶어요
　복종하고 싶은데 복종하는 것은 아름다운 자유보다도 달콤합니다 그것이 나의 행복입니다

　그러나 당신이 나더러 다른 사람을 복종하라면 그것만은 복종할 수가 없습니다
　다른 사람을 복종하라면 당신에게 복종할 수가 없는 까닭입니다

* * *

　뜻밖에도 만해는 '복종'을 '자유'보다 더 좋아한다고 고백한다. 복종의 최대치에는 자유가 맺혀 있고, 자유로 충만하기 위해서는 복종이 필요하다는 뜻이다. 확연히, 복종과 자유는 이율배반이다. 서로 말미암은 바 없지만, 생활과 실존에서 대치하고 결박한다. 다시 말하자. 정점에 이른 자의 자유가 산화된다면, '그'에게 주어진 법

과 률을 수천수만 번 닦아냈다는 뜻이다. '나'의 자유가 당신에 대한 복종으로 결속될 때 온전한 '당신'이 열리고 나의 자유도 비로소 열매를 맺는다.

만해는 간결하고 단호하게 말한다. '나'에게 허락된 자유는 오로지 당신에게 복종하는 것입니다. 이 한 문장에 불과한 선언으로 그는 자유라는 화엄을 완성한다. 자유 상태에서 모든 우연은 필연으로 여과되거나 혹은 무질서라는 더 큰 질서로 계열화된다. 만일 자유를 현상들이 정체되지 않고 자연스럽게 흐르는 상태라고 하면, 복종과 자유는 이미 독특한 변증법적 관계를 형성한 것이다. 만해는 "복종하고 싶은데 복종하는 것은 아름다운 자유보다도 달콤"하다면서 그것이 "나의 행복"의 근원이라고 노래한다. 행복의 트라이앵글은 복종과 자유의 이중구조에서 배태된다는 것. 오로지 '당신'으로서만 접히고, 종결되는, 이 가혹하고 치명적이면서 상처로 충만한 이 복종은 과연 무엇일까.

두말할 것 없이 복종은 '사랑'이다. 그런데 순백의 지고지순이 아니고, 세속에서 건져낸 미움과 질투, 증오와 욕망, 광기와 살의 같은 찌꺼기를 솎아내지 않은 불순물로 가득 찼다. 그 무게만큼 덧씌워지는 올가미—이것이 고대 예루살렘의 한 청년이 그랬던 것처럼 만해가 당신을 향한 복종만을 자유로 인정하는 까닭이 아닐까.

박성현 2009년 《중앙신인문학상》 등단. 시집 『내가 먼저 빙하가 되겠습니다』 『유쾌한 회전목마의 서랍』.

참어 주서요

나는 당신을 이별하지 아니할 수가 없습니다 님이여 나의 이별을 참어 주서요

당신은 고개를 넘어갈 때에 나를 돌어보지 마서요 나의 몸은 한 적은 모래 속으로 들어가랴 합니다

님이여 이별을 참을 수가 없거든 나의 죽음을 참어 주서요

나의 생명生命의 배는 부끄럼의 땀의 바다에서 스스로 폭침爆沈하랴 합니다 님이여 님의 입김으로 그것을 불어서 속히 잠기게 하야 주서요 그러고 그것을 웃어 주서요

님이여 나의 죽음을 참을 수가 없거든 나를 사랑하지 말어 주서요 그리하고 나로 하야금 당신을 사랑할 수 없도록 하야 주서요

나의 몸은 터럭 하나도 빼지 아니한 채로 당신의 품에 사러지겠습니다

님이여 당신과 내가 사랑의 속에서 하나가 되는 것은 참어 주서요 그리하야 당신은 나를 사랑하지 말고 나로 하야금 당신을 사랑할 수가 없도록 하야 주서요. 오오 님이여

* * *

 이별과 죽음은 나의 운명이다. 사랑을 완성하기 위해서, 님과 하나로 온전히 합일되기 위해서, 님과 나의 분별조차 사라지고 나라는 존재가 무화되기 위해서 거쳐야 할 통과의례인 것이다. 「참어 주세요」는 세속의 사랑 너머 궁극의 사랑으로 가려는 나의 소망과 간절한 어조가 점층적으로 고조되다가 "오오 님이여" 라는 탄식으로 절정에 이른다.

 나는 이별을 위해 모래 속으로 들어가려고 한다. 빛 하나 들지 않는 캄캄 칠흑의 어둠 속에서 견디려고 한다. 이는 세속적인 자아의 죽음이기도 하다. 죽음은 나의 의지이며 자발적이고 능동적인 행위이다. 내 생명의 배는 바다에서 폭침하려고 한다. 현실적이고 견고한 자아는 산산이 부서져서 없어지려고 한다. 바다는 죽음의 공간이며 어느 누구도 함께할 수 없는 심연이다. 나는 오직 님의 숨결만으로 깊이 더 깊이 가라앉길 바란다. 화리생련火裏生蓮처럼 죽음 속에서 꽃은 피어난다. 그러니 님은 나의 죽음을 겪어야 한다. 그 한계를 건널 수 없다면 차라리 사랑할 수 없어야 한다. 세속적인 존재로서의 내 몸은 터럭 한 올까지도 님의 품에서 사라질 것이다. 만해는 죽음으로써만 도달할 수 있는 절대의 사랑을 꿈꾸었고 그 길을 주저 없이 걸어갔다.

고미경 1996년 《현대시학》 등단. 시집 『인질』 『칸트의 우산』 『그 여름의 서쪽 해변』 외.

어느 것이 참이냐

　엷은 사紗의 장막帳幕이 적은 바람에 휘둘려서 처녀處女의 꿈을 휩싸듯이 자최도 없는 당신의 사랑은 나의 청춘靑春을 휘감습니다
　발딱거리는 어린 피는 고요하고 맑은 천국天國의 음악音樂에 춤을 추고 헐떡이는 적은 영靈은 소리없이 떨어지는 천화天花의 그늘에 잠이 듭니다

　가는 봄비가 드린 버들에 둘려서 푸른 연기가 되듯이 끝도 없는 당신의 정情실이 나의 잠을 얽습니다
　바람을 따라가랴는 쩌른 꿈은 이불 안에서 몸부림치고 강 건너 사람을 부르는 바쁜 잠꼬대는 목 안에서 그늬를 뜁니다

　비낀 달빛이 이슬에 젖은 꽃수풀을 싸락이처럼 부시듯이 당신의 떠난 한恨은 드는 칼이 되야서 나의 애를 도막도막 끊어 놓았습니다

　문밖의 시냇물은 물결을 보태랴고 나의 눈물을 받으면서 흐르지 않습니다
　봄 동산의 미친 바람은 꽃 떨어트리는 힘을 더하랴고 나의 한

숨을 기다리고 섰습니다

* * *

어느 것이 참이고 어느 것이 거짓인지 분별하지 못하고, 주체할 수 없이 넘쳐나는 마음 그것이 사랑이다. 그러나 모양도 없고 색깔도 없는 사랑, 보이지도 만져지지도 않는 그 환상.

"나 여기 있고 너 거기 있지.*"

사랑 안에서 '여기'와 '거기'는 '함께 있음'을 의미하지만 이별 후에 '여기'와 '거기'는 간극이 생긴다. 가깝지만 어떤 경계가 그어져 가까이 다가갈 수 없는 슬픔의 거리.

사랑은 내 곁에서 같은 곳을 바라보고 같은 생각을 할 때 비로소 형상을 갖추고 아름다운 색깔로 피어난다. '자취도 없는 당신의 사랑', 즉 존재의 부재는 꿈과 현실을 통째로 흔들어 놓는다. 앙가슴을 헤집는 사랑에 지친 영혼은 '천화天花'의 꽃그늘에서야 잠시 '쉼'을 얻지만 '청춘을 휘감'고 '당신의 정情실'이 잠을 얽어맨다. 마침내 한이 되어 내 '애를 도막도막 끊어' 놓아 고통과 절망은 극에 달한다. 사랑의 형벌이다.

시인은 사랑의 상실과 상처를 극복하기보다는 그리움을 끌어안은 채 그 속에 나를 내버려둔다. 흐르지 않는 시냇물과 봄 동산의 바람조차 절박한 심경에 공감한다. 고통과 절망이 내 몸을 통과한 후에 어느 순간 사랑은 가까이에서 느껴진다. 따뜻한 귓불이, 팔딱이는 심장이, 보드라운 호흡이, 많은 이야기를 담고 있는 눈빛이….

어느 것이 참인가. 애를 끊는 슬픔과 아픈 육체만이 진실이다.

성급하게 바라보면 참은 어디에도 없다. 찬찬히 돌아보면 참은 바로 내 안에 있다.

* 영화 〈왕의 남자〉에서 공길이 장생에게 한 말.

정선 2006년 《작가세계》 등단. 시집 『안부를 묻는 밤이 있었다』, 포토시집 『마추픽추에서 띄우는 엽서』 외.

정천한해 情天恨海

가을하늘이 높다기로
정情하늘을 따를소냐
봄바다가 깊다기로
한恨바다만 못하리라

높고 높은 정하늘이
싫은 것은 아니지만
손이 낮아서
오르지 못하고
깊고 깊은 한바다가
병 될 것은 없지마는
다리가 짤러서
건느지 못한다

손이 자래서 오를 수만 있으면
정하늘은 높을수록 아름답고
다리가 길어서 건늘 수만 있으면
한바다는 깊을수록 묘하니라

만일 정하늘이 무너지고 한바다가 마른다면
차라리 정천情天에 떨어지고 한해恨海에 빠지리라
아아 정하늘이 높은 줄만 알았더니
님의 이마보다는 낮다
아아 한바다가 깊은 줄만 알았더니
님의 무릎보다는 옅다

손이야 낮든지 다리야 쩌르든지
정하늘에 오르고 한바다를 건느랴면
님에게만 안기리라

* * *

이 시는 한시에서 볼 수 있는 기승전결의 흐름을 가진다. 起(1연) 정情이 사랑의 마음을 뜻한다면, 한恨은 사랑을 이루지 못해 응어리진 마음이다. 정과 한은 하늘과 바다처럼 대극을 이루면서 또 하나를 이룬다. 제아무리 하늘과 바다가 높고 깊어도 이 정한보다는 낮고 얕다. 承(2~3연) 인간은 정情하늘의 끝에 가닿고 한恨바다를 건너려는 욕망이 있다. 하지만 인간은 손이 낮고 다리가 짧은, 결함을 가진 존재이다. 가닿을 수 없기에 정한이 가진 아름다움과 기묘함에 감탄하기만 한다. 轉(4연) 정한이 사라진다면 함께 죽겠다고 말한다. 인간에게 정한이 없으면 죽음과 마찬가지며 하늘과 바다가 사라지는 것과 같다. 여기서 '님'의 존재가 언급되면서 새로운 전환을 보여준다. 하늘과 바다보다 크다는 정한도 '님'에게는 상대가 되지 않는다는 것이다. 結(5연) 정情하늘을 오르고 한恨바다를 건너려고 하는 것은 오로지 '님'에게만 안기기 위해서이다. 인간의 마음속에 정한이 돋고 운행하는 기운은 모두 다 '님'을 향한 간절함에서 비롯된다. 인간은 손이 낮고 다리가 짧은 불완전한 조건을 가진 존재이지만 이 한계가 초월자인 '님'을 향한 마음의 기본 토대가 된다. 그 간극을 채우기 위해 정한이 발동하고 정한이 한없이 깊어야지만 '님'에게 가닿을 수 있는 것이다. 결국 이 모든 것이 '님'을 향한 마음이다. 한용운은 시집 『님의 침묵』 군말(서문)에서 "'님'만 님이 아니라 기룬 것은 다 님이다"라고 썼다. '님'이라는 그 무언가를 그리워하고 사랑해야지만 인간일 수 있다. 그것이 정천한해의 조화이다.

차성환 2015년 《시작》 등단. 시집 『오늘은 오른손을 잃었다』, 연구서 『멜랑콜리와 애도의 시학』.

첫「키쓰」

마서요 제발 마서요

보면서 못 보는 체 마서요

마서요 제발 마서요

입설을 다물고 눈으로 말하지 마서요

마서요 제발 마서요

뜨거운 사랑에 웃으면서 차디찬 잔 부끄럼에 울지 마서요

마서요 제발 마서요

세계世界의 꽃을 혼자 따면서 항분亢奮에 넘쳐서 떨지 마서요

마서요 제발 마서요

미소微笑는 나의 운명運命의 가슴에서 춤을 춥니다 새삼스럽게 스스러워 마서요

* * *

한용운은 『惟心』지에 시조 「心」(1918)을 발표하고, 백담사에서 1925년에 탈고한 「님의 沈默」을 이듬해인 1926년에 회동서관에서 간행한다. 3·1운동 무렵부터 이후의 5~6년간이 「님의 沈默」의 창작 기간과 겹쳐 있다. 이 시기는 그의 문학적 생애의 전모에 가깝다.

「첫「키쓰」」는 표제작 「님의 沈默」과 밀접한 상호텍스트성(intertextuality)을 이룬다. "날카로은 첫「키쓰」의 追憶은 나의 運命의 指針을 돌너놓고 뒷ㅅ거름처서 사러젓슴니다(「님의沈默」)"고 했을 때의 순간은 가혹한 것이면서도 님에 대한 의식의 단초端初를 엿볼 수 있는 부분이다. 시인의 말인「군말」에서 "긔룬 것"은 다 "님"이라고 했듯이, 「첫「키쓰」」에서도 님은 구체적인 특정 대상에 한정되지 않는다. 다만 그 입술과 눈, 얼굴의 미소로 표상되는 인간적 자질과 그 본성적 자질로서 "세계의 꽃"이라는 긍정적 속성을 아우르는 존재자이다.

나와 님의 만남은 운명적이다. 님은 "뜨거운 사랑에 웃으며", "미소"로써 나에게 응답하려 하지만, "차가운 부끄럼"과 "항분에 넘쳐서 떨"거나 "스스러워"하는 등과 같이, 내적인 긍정과 외적인 주저함의 이항대립적 상태에 있다.

이때, 첫 행의 "마서요 제발 마서요"와 같은 선언적 요청은 당연하다. 이는 다른 모든 행에 반복되면서 행동의 결단을 촉구한다. 그 직후의 응답 스토리는 공백空白으로 남겨져 알 수 없으나 다음에 연결하여 읽을 수 있다. "나는 향긔로은 님의말소리에 귀먹고 꼿다은 님의얼골에 눈머럿슴니다(「님의沈默」)"(참고: 염창권, 『집 없는 시대의 길가기』, 한국문화사, 1999)

염창권 1990년 《동아일보》 신춘문예 시조, 1996년 《서울신문》 신춘문예 시 등단. 시집 『한밤의 우편취급소』 『오후의 시차』 외, 평론집 『존재의 기척』 외.

선사禪師의 설법說法

나는 선사禪師의 설법說法을 들었습니다
「너는 사랑의 쇠사슬에 묶여서 고통苦痛을 받지 말고 사랑의 줄을 끊어라 그러면 너의 마음이 질거우리라」고 선사는 큰 소리로 말하얏습니다

그 선사는 어지간히 어리석습니다
사랑의 줄에 묶이운 것이 아프기는 아프지만 사랑의 줄을 끊으면 죽는 것보다도 더 아픈 줄을 모르는 말입니다
사랑의 속박束縛은 단단히 얽어매는 것이 풀어주는 것입니다
그러므로 대해탈大解脫은 속박에서 얻는 것입니다
님이여 나를 얽은 님의 사랑의 줄이 약할까 버서, 나의 님을 사랑하는 줄을 곱들였습니다

* * *

불교에는 다양한 형태의 문학적, 비문학적 글이 있다. 문학적 특성을 강하게 드러내는 게송偈頌을 비롯하여 비문학적 형식을 갖는 법어, 선문답, 방함록, 발원문, 수행찬, 법훈 등이 그것에 속한다. 이러한 글들은 불교적 세계에 대한 의지와 사유를 담고 있다는 점

에서 작가의 내면을 살피는 중요한 단서가 된다.

「선사禪師의 설법說法」을 통해 화자는 사랑의 의미와 가치가 무엇인지 말한다. 선사는 고통스러운 "사랑의 쇠사슬에 묶"여 고통받지 말고, "사랑의 줄"을 끊으라고 주장한다. 하지만 한용운은 사랑의 의미와 가치에 대해 다른 시선을 가지고 있다. 사랑이 끊어질 때 다가오는 고통의 크기가 얼마나 큰지 알고 있는 그는 사랑의 속박이 오히려 진정한 가치일 수 있음을 설파한다. 사랑의 속박이야말로 대해탈大解脫에 이르는 길이라고 말한다. 한용운 시인에게 사랑은 서로를 강하게 추동하며 이끄는 간절함이다.

「님의 침묵」에서 살펴볼 수 있는 것처럼 '님'은 한용운 시의 중요한 지점이다. 님에 대한 갈망과 추구는 한용운의 시 세계를 단적으로 보여주는 사례다. 그에게 사랑은 애타게 가닿고자 하는 간절함의 대상이다. 한용운에게 사랑은 실패하더라도 놓을 수 없는 절대적인 삶의 지표인 것이다. 그런 점에서 그가 「선사禪師의 설법說法」 속 선사의 발언을 반박하는 것은 자연스럽다.

조동범 2002년 《문학동네》 등단. 시집 『심야 배스킨라빈스 살인사건』 외, 창작 이론서 『묘사 진술 감정 수사』, 문학평론집 『이제 당신의 시를 읽어야 할 시간』 외.

그를 보내며

그는 간다 그가 가고 싶어서 가는 것도 아니오 내가 보내고 싶어서 보내는 것도 아니지만 그는 간다
그의 붉은 입설 흰 이 가는 눈썹이 어여쁜 줄만 알았더니 구름 같은 뒷머리 실버들 같은 허리 구슬같은 발꿈치가 보다도 아름답습니다

걸음이 걸음보다 멀어지더니 보이랴다 말고 말랴다 보인다
사람이 멀어질수록 마음은 가까워지고 마음이 가까워질수록 사람은 멀어진다
보이는 듯한 것이 그의 흔드는 수건인가 하얏더니 갈마기보다도 적은 쪼각 구름이 난다

* * *

모든 사랑은 첫사랑이고, 모든 사랑은 시작과 함께 이별을 잉태한다. 세상에 영원한 사랑은 없다. 어떤 인연과 사랑은 골짜기를 흐르는 물처럼 내 생을 빠르게 스쳐 가지만 어떤 인연과 사랑은 내 생에 호수처럼 오래 머물다 간다.
낮에도 별은 반짝이고 낮에도 별똥별은 떨어지고 낮에도 달은 떠

흐르는데 이것들은 어둠을 바탕으로 하는 것들이라서 환한 날에는 볼 수가 없다. 사랑도 이와 같아서 너랑 나랑 한낮을 살 때는 뵈지 않다가 네가 부재한 밤의 날에야 밝게 떠오른다. 네가 내 생을 반짝였거나 내가 네 생을 흘렸다는 걸 뒤늦게 회한처럼 깨닫게 된다.

이재무 1983년 《삶의문학》 등단. 시집 『고독의 능력』 『즐거운 편지』 『한 사람이 있었다』 외.

금강산金剛山

만이천봉萬二千峰! 무양無恙하냐 금강산金剛山아
너는 너의 님이 어데서 무엇을 하는지 아느냐
너의 님은 너 때문에 가슴에서 타오르는 불꽃에 왼갖 종교宗敎, 철학哲學, 명예名譽, 재산財産 그 외에도 있으면 있는 대로 태여버리는 줄을 너는 모를리라

너는 꽃에 붉은 것이 너냐
너는 잎에 푸른 것이 너냐
너는 단풍丹楓에 취醉한 것이 너냐
너는 백설白雪에 깨인 것이 너냐

나는 너의 침묵沈默을 잘 안다
너는 철모르는 아해들에게 종작없는 찬미讚美를 받으면서 시쁜 웃음을 참고 고요히 있는 줄을 나는 잘 안다

그러나 너는 천당天堂이나 지옥地獄이나 하나만 가지고 있으려므나
꿈 없는 잠처럼 깨끗하고 단순單純하란 말이다

나도 쩌른 갈궁이로 강江 건너의 꽃을 꺾는다고, 큰 말하는 미
친 사람은 아니다 그래서 침착沈着하고 단순單純하랴고 한다
나는 너의 입김에 불려오는 쪼각 구름에 「키쓰」한다

만이천봉! 무양하냐 금강산아
너는 너의 님이 어데서 무엇을 하는지 모르지

* * *

오늘날 세계는 점점 더 혼란스럽고 복잡해지고 있다. 과학과 예술은 날로 세분화되고, 삶은 다양성과 정보의 홍수 속에서 혼돈 그 자체이다. 이러한 상황에서 우리는 다음과 같은 질문을 하게 된다. 세상은 앞으로 어떻게 변할까? 말세가 가까워진 것은 아닐까? 이러한 우려에 대해서 「금강산」은 우리에게 강력한 메시지로 다가온다. 시에서 '금강산'은 예술적 극치를 의미함과 동시에, 지금 혼란 속에서 갈팡질팡하는 '현대인'의 상징으로도 읽힌다. 시인은 절대자 혹은 구원자인 '님'을 등장시켜, 그가 "너 때문에 가슴에서 타오르는 불꽃에 온갖 종교, 철학, 명예, 재산" 등을 불태워버린다고 말한다. 이는 세속적인 것에 집착하지 말라는 경고다. 이어 시인은 계절마다 변화하는 금강산의 외형적인 모습을 나열하면서, 진정한 아름다움은 네 안의 '침묵'과 '고요함' 속에 있다는 메시지를 전한다. 그리고 시인은 그에게 단순하고 순수한 존재가 되기를 바라면서 우리에게 겸허함과 절제를 권면한다. 마지막으로 "너는 님이 어데서 무엇을 하는지 모르지"라는 질문을 반복해서 던지면서, 우리를 아

끼고 사랑하는 님(구원자 혹은 하나님)의 존재를 바로 알고, 이 세상을 '천당이나 지옥이나 하나만'을 생각하면서 복잡한 욕망을 버리고 깨끗하고 단순하게 살라고 강조하고 있다. 이런 점에서 이 시는 철학적이고 종교적인 메시지를 담고 있는, 깊이 있는 성찰의 시라고 할 수 있다.

이시경 2011년 《애지》 등단. 시집 『n평원의 들소와 하이에나』 『쥐라기 평원으로 날아가기』 외, 교양과학에세이집 『수학을 시로 말하다』 『과학을 시로 말하다』.

님의 얼골

님의 얼골을 「어여쁘다」고 하는 말은 적당適當한 말이 아닙니다
어여쁘다는 말은 인간人間 사람의 얼골에 대한 말이오 님은 인간의 것이라고 할 수가 없을만치 어여쁜 까닭입니다

자연自然은 어찌하여 그렇게 어여쁜 님을 인간으로 보냈는지 아모리 생각하야도 알 수가 없습니다
알겠습니다 자연의 가온데에는 님의 짝이 될 만한 무엇이 없는 까닭입니다

님의 입설 같은 연蓮꽃이 어데 있어요 님의 살빛 같은 백옥白玉이 어데 있어요
봄 호수湖水에서 님의 눈결 같은 잔물결을 보았습니까 아츰 볕에서 님의 미소微笑 같은 방향芳香을 들었습니까
천국天國의 음악音樂은 님의 노래의 반향反響입니다 아름다운 별들은 님의 눈빛의 화현化現입니다

아아 나는 님의 그림자여요
님은 님의 그림자밖에는 비길 만한 것이 없습니다

님의 얼골을 어여쁘다고 하는 말은 적당한 말이 아닙니다

* * *

시 전반에 걸쳐 시인은 '님'의 초월적인 아름다움을 그린다. 「님의 얼골」은 '님'이라는 존재의 아름다움을 인간의 언어와 감각으로는 온전히 담을 수 없다는 인식에서 출발한다. 시인은 "어여쁘다"는 표현조차 '님'을 설명하기에 부족하다고 단언하며, 인간적인 표현의 한계를 지적한다.

한 인간에게는 아침의 얼굴, 한밤중의 얼굴, 노파의 얼굴, 소녀의 얼굴, 짐승의 얼굴, 천사의 얼굴 등등 숱한 얼굴이 공존한다. 아무리 현대보다 덜 복잡한 만해의 시대였다 하더라도 그렇다. 억압된 사회일수록 더 많은 억압된 얼굴이 존재했을 것이다. 그렇다면 '님'은 신성한 존재이거나 아니면 사랑에 빠진 지 얼마 안 되는 인간의 눈에 비친 연인의 모습일 것이다. 사랑에 빠지면 눈에 콩꺼풀이 썬다 하지 않는가. 그 '사랑'이 곧 '신'인 것이다.

이 시는 단순한 연인의 미모 찬양을 넘어, 이상적 존재로서의 '님'을 통해 인간의 한계와 사랑의 절대성을 사유하게 한다. 한용운 특유의 불교적 세계관과 상징적 언어가 어우러져, 단순한 사랑의 노래를 넘은 철학적 성찰을 이끌어낸다.

정채원 1996년 《문학사상》 등단. 시집 『제 눈으로 제 등을 볼 순 없지만』 『우기가 끝나면 주황물고기』, 디카시집 『열대야』 외.

심은 버들

뜰 앞에 버들을 심어
님의 말을 매랴드니
님은 가실 때에
버들을 꺾어 말 채찍을 하얏습니다

버들마다 채찍이 되야서
님을 따르는 나의 말도 채칠까 하얏드니
남은 가지 천만사千萬絲는
해마다 해마다 보낸 한恨을 잡어 맵니다

* * *

　만해는 님의 시인이다. 님은 상징이다. 사랑하는 사람도, 사랑하는 조국도, 사랑하는 절대자도 님으로 수렴된다. 시의 화자는 뜰 앞에 버들을 심었다. 버들을 통해 님을 기다리며 님과 만나고 님과 해후한다. 오래도록 님을 간직하고 오래 님과 함께하고 싶어 님의 말을 매어 두었다. 말은 뛰는 말[馬]이자, 전하는 말[言]이다. 말은 진리를 전하는 전령으로 역할을 한다. 님이 가실 때에는 버들을 꺾어 말 채찍을 만들어 떠난다고 한다. 채찍은 각성의 도구이다. 각성은 깨달음과 성찰의 문이다. 말은 진리로 이르는 전령자이며 채찍은 진리에 이르는 각성의 상징이다. 모든 버들은 채찍이 되어서 말을 일깨운다. 뛰는 말[馬]을 일깨우는 일은 현혹된 말[言]을 일깨우는 것과도 같다. 심어 놓은 모든 버들이 채찍이 된다. 이제는 님을 따르는 말뿐 아니라 나의 말도 채찍질을 하겠다고 한다. 희생과 인고를 감당하겠다는 화자의 다짐이다. 그러한 희생과 인고의 시간이 진리에 이르는 길로 나아가게 한다. 님과 만나는 매개체는 버들이다. 버들을 심는 행위는 님과 만나고 싶은 그리움의 행위이다. 버들이 채찍이 되어서 다시 님과 만날 수 있는 매채체로 역할을 한다. 화자는 가지에 남아 있는 천만 가닥의 실로 한恨을 잡아맨다고 한다. 님으로 가고자 하는 도정에는 한이 서려 있다. 한을 가슴 깊이 체험하고 각인되는 경험을 통해 진정한 님과 만날 수 있다. 그것이 진리의 길이며 도道에 이르는 길이다.

이재훈 1998년 《현대시》 등단. 시집 『내 최초의 말이 사는 부족에 관한 보고서』 『벌레 신화』 『돌이 천둥이다』, 대담집 『나는 시인이다』 외.

낙원樂園은 가시덤풀에서

죽은 줄 알았든 매화나무 가지에 구슬 같은 꽃방울을 맺혀 주는 쇠잔한 눈 위에 가만히 오는 봄 기운은 아름답기도 합니다
그러나 그밖에 다른 하늘에서 오는 알 수 없는 향기는 모든 꽃의 죽음을 가지고 다니는 쇠잔한 눈이 주는 줄을 아십니까

구름은 가늘고 시냇물은 옅고 가을 산은 비었는데 파리한 바위 새이에 실컷 붉은 단풍은 곱기도 합니다
그러나 단풍은 노래도 부르고 울음도 웁니다 그러한 「자연自然의 인생人生」은 가을 바람의 꿈을 따라 사러지고 기억記憶에만 남어 있는 지난 여름의 무르녹은 녹음綠陰이 주는 줄을 아십니까

일경초―莖草가 장륙금신丈六金身이 되고 장륙금신이 일경초가 됩니다
천지天地는 한 보금자리요 만유萬有는 같은 소조小鳥입니다
나는 자연의 거울에 인생을 비쳐 보았습니다
고통苦痛의 가시덤풀 뒤에 환희歡喜의 낙원樂園을 건설建設하기 위하야 님을 떠난 나는 아아 행복幸福입니다

* * *

만해의 시답게 낯설지 않다. 불교와 만해의 '공空' 사상에 부합되지 않는 사물과 현상은 어디에도 없는 것이니 말이다. 시인은 새롭고 화사한 봄꽃도 '쇠잔한 눈'에서 비롯된다고 말한다. "구름은 가늘고 시냇물은 옅고 가을 산은 비"에서 단풍은 실컷 붉다는 아름다운 시구로 공즉시색空卽是色의 사유를 형상화한다. 계속해서 무성해지기만 하는 물상과 현상은 없는 것이니. 태극의 문양처럼 가장 환한 꽃송이 안에도 이미 쇠락의 그늘이 있고 허물어져 내리는 늦 가을 밭의 마른 곡식 대 밑에도 몇 알 씨앗은 떨어져 있는 것이다. 하여 시인은 "일경초一莖草가 장륙금신丈六金身이 되고, 장륙금신이 일경초"가 된다고 변주하기도 한다. 「알 수 없어요」에서 회자되는 구절 "타고 남은 재가 다시 기름이 됩니다"와 같은 맥락이리라. 그렇다. 「님의 침묵」이 다시 우리의 노래가 되듯, 파리하게 흐르는 실개천이 가장 고운 단풍잎을 밝히고, 지금 감는 쇠잔한 눈시울의 잔광이 힘차게 터뜨리는 매화꽃빛이 되는 것이다. 자연의 현상은 이렇게 채움과 비움이 다르지 않음을 간단없이 보여주는데 우리들만 맹목에 빠져 갖가지 패착으로 한생을 탕진하곤 한다. 극심한 정치적 혼란으로 밤새 안녕이라는 옛말을 살고 있는 이즈음이고 보니 백 년 전 선사께서 88편 시편들을 묶어 염원했던 광명 세상은 아직도 요원하기만 한 듯하다. 하나 낙원은 가시덤불에서 비롯된다고 하였으니 지금이 다시 옷깃을 여미고 작은 등불이라도 새로 켤 때인 것이다.

안차애 2002년 《부산일보》 신춘문에 등단. 시집 『불꽃나무 한 그루』 『치명적 그늘』 『초록을 엄마라고 부를 때』.

참말인가요

그것이 참말인가요 님이여 속임없이 말씀하야 주서요
당신을 나에게서 빼앗어 간 사람들이 당신을 보고 「그대는 님이 없다」고 하얏다지요
그래서 당신은 남모르는 곳에서 울다가 남이 보면 울음을 웃음으로 변한다지요
사람의 우는 것은 견딜 수가 없는 것인데 울기조차 마음대로 못하고 웃음으로 변하는 것은 죽음의 맛보다 더 쓴 것입니다
그러면 나는 그것을 변명하지 않고는 견딜 수가 없습니다
나의 생명生命의 꽃가지를 있는 대로 꺾어서 화환花環을 만들어 당신의 몸에 걸고 「이것이 님의 님이라」고 소리쳐 말하겠습니다

그것이 참말인가요 님이여 속임없이 말씀하야 주서요
당신을 나에게서 빼앗어 간 사람들이 당신을 보고 「그대의 님은 우리가 구하야 준다」고 하얏다지요
그래서 당신은 「독신생활獨身生活을 하겠다」고 하얏다지요
그러면 나는 그들에게 분풀이를 하지 않고는 견딜 수가 없습니다
많지 안한 나의 피를 더운 눈물에 섞어서 피에 목마른 그들의 칼에 뿌리고 「이것이 님의 님이라」고 울음 섞어서 말하겠습니다

*　*　*

    만남과 헤어짐은 언제나 불균형이죠. 사랑과 결핍은 언제나 불균형이죠. 당신이 저를 떠나간 것은 누군가에 의해서 발생한 불균형한 관계지요. 그래서 몇 번이고 묻습니다. 진정 이것이 참말인지, 돌이킬 수 없는 슬픈 사실인지, 다시 회복할 수 있는 희망인지.
    당신은, 님은 조국祖國의 동의어, 원관념인가요. 님은 저를 지켜주기 위해 마음대로 울지도 못하는군요. 남모르는 곳에서 견디고 있는 당신에게 내가 할 수 있는 일은 생명의 꽃가지를 꺾어 화환을 몸에 걸어주는 것, 그리고 이것이 우리의 정표라고 마음속으로 외치며 믿음으로 항변하는 것이지요.
    자유와 해방은 '굳은 절개를 갖고 차라리 독신생활을 하겠다고 다짐하는' 당신처럼 나를 기다려주며 피에 목마른 적敵에게 칼을 드는군요. 내가 당신에게 의지하고 있는 것처럼 당신도 내게 기대어 서로의 방패를 세워보세요.
    참말인가요, 내가 없는 곳에서도 울고 웃는 당신의 역설은 나를 지키기 위한 죽음과도 같은 다른 행위라는 것을요.
    남한산성 숲속, 님이 계신 만해기념관을 오르며 님은 바로 당신 자신이라고 말해봅니다.

한정원 1998년《현대시학》등단. 시집 『석류가 터지는 소리를 기록했다』 『마마 아프리카』 『낮잠 속의 롤러코스터』 외.

꽃이 먼저 알아

옛집을 떠나서 다른 시골에 봄을 만났습니다
꿈은 이따금 봄바람을 따러서 아득한 옛터에 이릅니다
지팽이는 푸르고 풀빛에 묻혀서 그림자와 서로 따릅니다

길가에서 이름도 모르는 꽃을 보고서 행혀 근심을 잊일까 하고 앉았습니다
꽃송이에는 아츰 이슬이 아즉 마르지 아닌한가 하얐더니 아아 나의 눈물이 떨어진 줄이야 꽃이 먼저 알았습니다

* * *

같은 봄날이라도 낯선 마을에서 맞는 봄은 바람의 결이 다르고 햇살의 온기가 다릅니다. 꿈은 날아서 아득해진 옛터에 나보다 먼저 닿아 푸른 풀빛에 그림자를 묻어 놓았습니다. 마음을 허공에 보여주어도 아무도 듣지 못하고 보지 못합니다.
길가에 흔들리는 키 작은 풀꽃에 눈을 맞추어 앉아보면 감정이 말보다 먼저 닿는 순간을 만나게 되지요.
무심히 지나가는 길에 문득 시야에 들어오는 이름 모르는 풀꽃이 생소하게 어여쁘고 바람에 흔들리는 이파리에 어쩌면 위로받을

까, 행여 내 슬픔 잠시라도 깊은 흐느낌 기대볼까 꽃송이와 마주 앉아 말을 걸어 봅니다. 깊은 근심은 저 아래에 두고 몸은 여기서 낯선 것들에 손을 내밀어 허전한 인사를 건넵니다.

  아침 이슬에 꽃송이는 아직 젖어 있는 줄, 물기 오랫동안 머금은 꽃송이에 내 마음 촉촉하여 꽃잎도 젖어 어여쁘구나 하였더니, 아아 꽃이 먼저 나를 알고 있었습니다, 내 눈물이 떨어지는 줄 나보다 먼저 알아채고 꽃송이는 눈물을 고요히 받아 제 잎을 적시고 있었습니다. 침묵으로 말하고 있는 걸 내가 듣지 못했습니다.

  청초한 꽃송이의 깊은 마음과 내 눈물의 뜨거움이 낯선 마을에서 만나는 햇살의 온기마냥 따뜻했습니다.

장순금 1985년 《심상》 등단. 시집 『걸어서 가는 나라』 『햇빛 비타민』 『얼마나 많은 물이 순정한 시간을 살까』 외.

찬송讚頌

님이여 당신은 백번百番이나 단련鍛鍊한 금金결입니다
뽕나무 뿌리가 산호珊瑚가 되도록 천국天國의 사랑을 받읍소서
님이여 사랑이여 아츰 볕의 첫걸음이여

님이여 당신은 의義가 무겁고 황금黃金이 가벼운 것을 잘 아십니다
거지의 거친 밭에 복福의 씨를 뿌리옵소서
님이여 사랑이여 옛 오동梧桐의 숨은 소리여

님이여 당신은 봄과 광명光明과 평화平和를 좋아하십니다
약자弱者의 가슴에 눈물을 뿌리는 자비慈悲의 보살菩薩이 되옵소서
님이여 사랑이여 얼음바다에 봄바람이여

* * *

한용운의 시 「찬송」은 마음속에서 조용히 울려 퍼지는 노래 같다. 겉으로는 작은 소리지만, 그 속에서 시대의 상처와 내면의 떨림이 묻어난다. 이 시를 읽을 때 기도하는 사람의 모습이 떠오른

다. "찬송"이라는 제목은 단순히 신을 찬양하는 것이 아니라, 잃어버린 대상을 부르며 기다리는 고백으로 다가온다. 한용운은 시대의 고통을 겪으며 상징과 침묵으로 저항했다. 그의 시는 언제나 낮은 목소리로 깊게 파고든다.

「찬송」은 그가 무엇을 찬송하고 싶었는지 명확히 드러내지 않지만, 그것이 조국, 님, 혹은 진실일 수 있다는 모호함이 여운을 남긴다. 시 속에는 고요한 절망과 희망이 담긴 찬송이 흐른다. 그 노래는 쉽게 들리지 않지만, 시인은 그것을 기다리고 있는 듯하다. 그것은 고요한 어둠 속에서 한 인간의 외로운 기도처럼 느껴진다.

한용운의 시에서 자주 등장하는 '님'은 이 시에도 존재감을 드러낸다. 찬송을 부르거나, 누군가가 부를 찬송이 그것이다. 이 시는 독백이 아니라, 누군가와 이어지길 바라는 마음의 노래로, 그 노래를 통해 진실된 존재에 대한 갈망을 표현한다. 시간이 지나도 이 시가 여전히 다가오는 이유는, 사랑과 고통, 기다림의 감정이 여전히 우리 삶 속에서 공감되기 때문이다. 우리는 종종 누군가의 찬송을 기다리며, 때로는 스스로 찬송을 부르며 다시 일어난다.

「찬송」은 큰 목소리가 아니라, 바람결에 실려 오는 낮은 숨결처럼 우리 마음을 두드린다. 한용운은 이 조용한 노래를 통해 깊은 울림을 전하고자 했고, 우리는 여전히 그 찬송을 듣고 있다.

변종태 1990년 《다층》 등단. 시집 『안티를 위하여』 『목련 봉오리로 쓰다』 『일간 어머니 정기 구독』 외.

논개論介의 애인愛人이 되야서 그의 묘廟에

　날과 밤으로 흐르고 흐르는 남강南江은 가지 않습니다
　바람과 비에 우두커니 섰는 촉석루矗石樓는 살 같은 광음光陰을 따러서 달음질칩니다
　논개論介여 나에게 울음과 웃음을 동시에 주는 사랑하는 논개여
　그대는 조선朝鮮의 무덤 가온데 피었든 좋은 꽃의 하나이다 그래서 그 향기는 썩지 않는다
　나는 시인詩人으로 그대의 애인愛人이 되얏노라
　그대는 어데 있너뇨 죽지 안한 그대가 이 세상에는 없고나

　나는 황금黃金의 칼에 베혀진 꽃과 같이 향기롭고 애처로운 그대의 당년當年을 회상回想한다
　술 향기에 목마친 고요한 노래는 옥獄에 묻힌 썩은 칼을 울렸다
　춤추는 소매를 안고 도는 무서운 찬 바람은 귀신鬼神 나라의 꽃수풀을 거쳐서 떨어지는 해를 얼렸다
　가냘핀 그대의 마음은 비록 침착沈着하얏지만 떨리는 것보다도 더욱 무서웠다
　아름답고 무독無毒한 그대의 눈은 비록 웃었지만 우는 것보다

도 더욱 슬펐다

붉은 듯하다가 푸르고 푸른 듯하다가 희여지며 가늘게 떨리는 그대의 입설은 웃음의 조운朝雲이냐 울음의 모우暮雨이냐 새벽달의 비밀秘密이냐 이슬꽃의 상징象徵이냐

빠비 같은 그대의 손에 꺾기우지 못한 낙화대落花臺의 남은 꽃은 부끄럼에 취醉하야 얼골이 붉었다

옥玉같은 그대의 발꿈치에 밟히운 강江 언덕의 묵은 이끼는 교긍驕矜에 넘쳐서 푸른 사롱紗籠으로 자기의 제명題名을 가리었다

아아 나는 그대도 없는 빈 무덤 같은 집을 그대의 집이라고 부릅니다

만일 이름뿐이나마 그대의 집도 없으면 그대의 이름을 불러볼 기회機會가 없는 까닭입니다

나는 꽃을 사랑합니다마는 그대의 집에 피어 있는 꽃을 꺾을 수는 없습니다

그대의 집에 피어 있는 꽃을 꺾으랴면 나의 창자가 먼지 꺾어지는 까닭입니다

나는 꽃을 사랑합니다마는 그대의 집에 꽃을 심을 수는 없습니다

그대의 집에 꽃을 심으랴면 나의 가슴이 가시가 먼저 심어지는 까닭입니다

용서하여요 논개여 금석金石 같은 굳은 언약을 저바린 것은 그

대가 아니오 나입니다

  용서하여요 논개여 쓸쓸하고 호젓한 잠자리에 외로히 누어서 끼친 한恨에 울고 있는 것은 내가 아니오 그대입니다

  나의 가슴에「사랑」의 글자를 황금으로 새겨서, 그대의 사당祠堂에 기념비記念碑를 세운들 그대에게 무슨 위로가 되오리까

  나의 노래에「눈물」의 곡조曲調를 낙인烙印으로 찍어서 그대의 사당에 제종祭鍾을 울린대도 나에게 무슨 속죄贖罪가 되오리까

  나는 다만 그대의 유언遺言대로 그대에게 다하지 못한 사랑을 영원永遠히 다른 여자女子에게 주지 아니할 뿐입니다 그것은 그대의 얼골과 같이 잊을 수가 없는 맹세盟誓입니다

  용서하여요 논개여 그대가 용서하면 나의 죄罪는 신神에게 참회懺悔를 아니한대도 사라지겠습니다

  천추千秋에 죽지 않는 논개여

  하루도 살 수 없는 논개여

  그대를 사랑하는 나의 마음이 얼마나 질거우며 얼마나 슬프겠는가

  나는 웃음이 제워서 눈물이 되고 눈물이 제워서 웃음이 됩니다

  용서하여요 사랑하는 오오 논개여

* * *

「논개論介의 애인愛人이 되야서 그의 묘廟에」를 읽는 이 시공간에서 백여 년을 거슬러 오르면 촉석루 앞에 선 만해(1879~1944)를 만날 수 있다. 또한 사백삼십이 년을 힘겹게 오르면 남강에 몸을 던진 열아홉 논개(1574~1593)를 어렴풋이 마주할 수 있다. 마치 개기일식처럼 만해가 논개를 품고 있다. 아니 논개가 만해를 보듬고 있다. 난 깊게 숨을 들이쉬며 두 분을 향해 손을 내민다. "어떻게 이런 일이 일어났나요?" 지극히 평범하며 조증과 울증의 파도에 휩쓸린 채 살아가는 나를 두 분은 어렵사리 찾아와 오래된 자리를 마련했다. 정신과 몸의 이접작용! "제가 팬입니다. 선생님들을 많이 좋아합니다!" 사실 좋아하는 데는 이유가 확실하지 않으니까. 만해를 위해서는 한 됫박 철철 넘치는 막걸리와 파전을, 논개의 품엔 붉은 양귀비꽃을 바친다. 그들 또한 옅은 미소로 나를 지켜보았고 무슨 말인가 했지만 잘 알아들을 수는 없었다. 책 속에 보존되어 있는 그들 유령에게 묻고 내가 그들이 되어 대답해본다. 청청 하늘을 그분들은 마치 부부처럼 날아갔다. 별의 밀도를 가진 꽃송이, 역사의 수평축과 실존의 수직축을 힘껏 그어 그들 자신만의 특이점을 만들어낸 이 화려하고도 무거운 진동! "요점은, 정성껏, 꾸준히, 마지막까지 지금 매달린 그 일을 해나가라는 겁니다!" 그들이 처했던 삶의 장소가 달라졌고 시대의 요구 또한 변했지만 어떻게 살 것인가의 뜨거운 물음은 그대로였다.

이병금 1998년 《시와시학》 등단. 시집 『저녁 흰새』 『어떤 복서』, 평론집 『시 읽기의 새로운 물음』 외.

후회後悔

당신이 계실 때에 알뜰한 사랑을 못하얏습니다
사랑보다 믿음이 많고 질거움보다 조심이 더하얏습니다
게다가 나의 성격性格이 냉담冷淡하고 더구나 가난에 쫓겨서 병들어 누운 당신에게 도로혀 소활疏闊하얏습니다
그러므로 당신이 가신 뒤에 떠난 근심보다 뉘우치는 눈물이 많습니다

* * *

소녀 시절의 '님'은 설레고 아프고 고요한 미지였다. 시집『님의 침묵』이 좋아서 일기장에 베껴 쓰던 시절이 있었다. 뜨겁고 차갑고 알 듯 말 듯 닿을 수 없는 '님'이라는 어휘, 한 글자로 그렇게 많은 감정과 상상력을 주는 낱말은 그 이후로도 만날 수 없었던 것 같다. 한국어 어휘가 유독 한 글자로 된 아름다운 낱말이 많지만 '님'은 독보적인 위치를 차지한다. '님'을 부르면 달아날 것 같고 부르지 않으려니 내 삶 전체가 백지가 되어버리는 것 같다. 그런 님의 침묵이라니. 나의 삶은 님 앞에서 더욱 오리무중이 되는 것 같다. 당황하고 허둥대고 무한하게 부푸는 풍선 같고, 바람 빠진 풍선 같다.
『님의 침묵』을 쓴 이가 이미 세상을 떠났고 스님이고 독립운동

가이고 시를 썼다는 일과 머리카락이 없고 입을 다문 사진으로밖에 볼 수 없다는 사실은 오히려 더욱 그를 안심하고 사모하는 마음을 이입시킬 수 있었는지 모른다. 그리고 어느 날 나는 어렵게 시인이 되어 있었고, 시「후회」를 마주한다. 등단 이후, 시에 대해 아는 것보다 모르는 것이 더 많은 나는 오히려 님을 잊고 님에게 잊혀졌는지도 모르겠다.

  일상 안에서 발을 디디고, 내가 선 자리가 꽃 진 자리이며 동시에 꽃자리라는 것을 알게 되기까지 조심하고 냉담하고 가난하게 살았다. 시「후회」를 마주하면서 뉘우친다. 눈물이 마르도록, 병들어 누운 당신에게 소홀하였습니다. 알뜰한 사랑을 못 하였습니다.

정혜영 2006년 《서정시학》 등단. 시집 『이혼을 결심하는 저녁에는』.

사랑하는 까닭

내가 당신을 사랑하는 것은 까닭이 없는 것이 아닙니다
다른 사람들은 나의 홍안紅顏만을 사랑하지마는 당신은 나의 백발白髮도 사랑하는 까닭입니다

내가 당신을 긔루어 하는 것은 까닭이 없는 것이 아닙니다
다른 사람들은 나의 미소微笑만을 사랑하지마는 당신은 나의 눈물도 사랑하는 까닭입니다

내가 당신을 기다리는 것은 까닭이 없는 것이 아닙니다
다른 사람들은 나의 건강健康만을 사랑하지마는 당신은 나의 죽음도 사랑하는 까닭입니다

* * *

사랑을 받고픈 욕망은 인간의 본능이다. 어느 순간 한 존재가 내 외로움 안으로 불쑥 들어온다. 사랑의 전제 조건은 내가 외롭다는 사실의 각성이다. 외로움을 채워줄 것이란 기대와 열망 속에서 상대는 존재감이 커진다. 그를 알아가며 서로의 친밀감이 높아지며 그의 매력에 빠져들고 열광하기에 이른다. 그 무분별한 열정, 막무

가내의 집중을 사랑이라고 말한다.

　내가 님을 사랑하고 그리워하며 기다리는 것은 님이 의미의 존재인 까닭이다. 사랑이란 님이 의미와 가치의 존재라는 걸 인지한 뒤 형성되는 정서적 애착 관계다. 님의 생각과 감정에 반응하고 그 필요에 부응하고자 한다. 이것의 궁극적 목표는 행복이다. 육체의 열락과 더불어 존재의 충일감에 이르는 것이 행복이라면 나와 님이 그걸 이루려고 공동으로 제 모든 걸 쏟아붓는 것은 자연스러운 욕망이다.

　누군가의 사랑함, 기루어 함, 기다림에는 다 까닭이 있다. 사랑은 님에게 사랑을 받을 만한 가치가 있다고 인정하는 일이다. 사랑은 님의 미적 자본에 대해 가치를 부여함으로써 이루어진 사건이다. 사랑의 초기 단계에서 님이 가진 미적 자본을 이상화하는 일은 흔하다. 그것이 님에 대한 열광이나 열애의 동기일 테다. 이 시에서는 그 미적 자본이 홍안, 미소, 건강이라고 말한다. 님이 사랑받을 만하니까 사랑한다! 그러나 이 시의 화자는 미적 자본이라고 할 수 없는 백발, 눈물, 죽음마저 품고 사랑한다. 누군들 그런 님을 사랑하지 않을 수 있을까!

장석주 1979년 《조선일보》 신춘문예 시, 《동아일보》 신춘문예 평론 등단. 시집 『꿈속에서 우는 사람』, 평론집 『상처받은 용들의 노래』 외.

당신의 편지

　당신의 편지가 왔다기에 꽃밭 매든 호미를 놓고 떼여 보았습니다
　그 편지는 글씨는 가늘고 글줄은 만하나 사연은 간단합니다
　만일 님이 쓰신 편지이면 글은 쩌를지라도 사연은 길 터인데

　당신의 편지가 왔다기에 바느질 그릇을 치어놓고 떼여 보았습니다
　그 편지는 나에게 잘 있너냐고만 묻고 언제 오신다는 말은 조금도 없습니다
　만일 님이 쓰신 편지이면 나의 일은 묻지 않더래도 언제 오신다는 말을 먼저 썼을 터인데

　당신의 편지과 왔다기에 약을 달이다 말고 떼여 보았습니다
　그 편지는 당신의 주소住所는 다른 나라의 군함軍艦입니다
　만일 님이 쓰신 편지이면 남의 군함에 있는 것이 사실事實이라 할지라도 편지에는 군함에서 떠났다고 하얏을 터인데

*　*　*

　초조한 마음으로 호명할 때마다 시시각각 다르게 다가오는 '당

신'을 이 시는 표현한다. 「당신의 편지」라는 제목에서 벌써 시심이 생동하기 시작한다. 편지가 바닥에 있는 감정을 불러일으키는 까닭은 온 존재를 향한 기다림과 감응의 양식이기 때문이다. "당신의 편지가 왔다기에", 연마다 반복되는 이 구절이 읽는 이를 설레게 하고 긴장하게 한다. '당신'은 시적 화자가 하던 일을 작파하고 즉각 편지를 "떼여"보게 만드는 인물이다. "꽃밭 매던 호미"를 내려놓고 편지를 연 순간 모든 갈망의 시간이 재가 되지 않고 꽃으로 만개한다. 그러나 봉인된 곳 너머가 눈앞에 펼쳐지며 안타깝게도 새로운 절망이 시작된다. "글줄은 만하나 사연은 간단"하다는 구절에서 마음의 동요가 엿보인다. 의례적인 안부에 화자는 신경증을 앓듯 예민해진다. 혹시 모를 '님'의 변심에 노심초사하는 것이다. "바느질 그릇을 치어놓고" 편지를 뜯어보는 심정이 천국과 지옥을 오간다. 화자가 기다리는 것은 오직 "언제 오신다"는 님의 확약이다. 속을 모르고 여전히 애만 태운다면 '님'이 쓴 편지가 아닐지도 모른다. 조심스러운 의심으로 마음의 병이 깊어간다. 말 줄임으로 끝나는 각행의 결미가 오히려 많은 말을 하고 있다. 무언가 치명적인 장애물이 가로막고 있음을 추정하게 한다. "약을 달이다 말고" 마침내 편지를 열었을 때 마주하게 된 진실은 발신지가 "다른 나라의 군함軍艦"이라는 것이다. 휘몰아치는 근심을 가져오는 "다른 나라의 군함"은 가장 이질적이면서도 본질적인 시어다. 한 세계를 무너지게 할 수 있다는 점에서, 온통 '님'을 향해 몰려 있는 마음을 취소하게 할 수 있다는 점에서 그러하다.

권현형 1995년 《시와시학》 등단. 시집 『밥이나 먹자, 꽃아』 『포옹의 방식』 『아마도 빛은 위로』 외.

거짓 이별

당신과 나와 이별한 때가 언제인지 아십니까

가령 우리가 좋을 대로 말하는 것과 같이 거짓 이별이라 할지라도 나의 입설이 당신의 입설에 닿지 못하는 것은 사실事實입니다

이 거짓 이별은 언제나 우리에게서 떠날 것인가요

한 해 두 해 가는 것이 얼마 아니 된다고 할 수가 없습니다

시들어가는 두 볼의 도화桃花가 무정無情한 봄바람에 몇 번이나 슬쳐서 낙화落花가 될까요

회색灰色이 되어 가는 두 귀 밑의 푸른 구름이 쪼이는 가을 볕에 얼마나 바래서 백설白雪이 될까요

머리는 희여가도 마음은 붉어갑니다

피는 식어가도 눈물은 더워갑니다

사랑의 언덕엔 사태가 나도 희망希望의 바다엔 물결이 뛰놀어요

이른바 거짓 이별이 언제든지 우리에게서 떠날 줄만은 알아요

그러나 한 손으로 이별을 가지고 가는 날[日]은 또 한 손으로 죽음을 가지고 와요

* * *

이별이라니, 그것도 거짓 이별이다. 만해의 「거짓 이별」은 부재하는 이와의 이별이 거짓 이별이라 여기며, 이별의 사실을 지연시키고 있다. 그리하여 죽음 이후의 내생에서라도 님과 합일하려는 비애미를 드러내고 있다. 사랑한다고 다 사랑이겠는가, 이별이라고 사랑이 아니겠는가. 이별 후에 찾아드는 후애後愛는 그야말로 속수무책이다. 비애로 가득한 흰색 얼굴로 도착한다. 어쩌겠는가. 이별한 님만이 완벽한 흠모의 사랑인 것을. "시들어가는 두 볼의 도화桃花가 무정無情한 봄바람에 몇 번이나 슬쳐서" "입설"처럼 떨어지는 꽃이 되듯, 나무에 핀 꽃보다 떨어져 누운 꽃이 더 아름답기도 한 것을. 그렇기에 "머리는 희여가도 마음은 붉어"가고, "피는 식어가도 눈물은 더워"간다. 그리하여 종국에는 "사랑의 언덕엔 사태가 나"는 것이다. 이 무장하고 도저한 사랑의 시는 정념과 욕망과 살과 육체를 버렸을 때 비로소 재회가 가능한 변색되지 않는 사랑이다. 어느 봄날 아슴아슴 꽃잎 질 때 문득 서늘하게 등 뒤에 와닿은 님의 숨결처럼. 역설로서만 도달할 수 있는 무장한 마음의 지대가 시에 버티고 있다. 여러 번 소리 내어 읽을수록 나의 입설에 맴돌아 나와 당신이 함께 슬퍼지는. 그리하여 그대의 두 볼에도 성난 도화꽃 사태다.

서안나 1990년 《문학과비평》 등단. 시집 『립스틱발달사』 『새를 심었습니다』 『애월』 외.

꿈이라면

사랑의 속박束縛이 꿈이라면
출세出世의 해탈解脫도 꿈입니다
웃음과 눈물이 꿈이라면
무심無心의 광명光明도 꿈입니다
일체만법一切萬法이 꿈이라면
사랑의 꿈에서 불멸不滅을 얻겠습니다

* * *

떠난 '님'을 잊지 못하는 화자의 그리움이 빚어낸 몽상의 노래. 오늘 문득 『님의 침묵』을 이렇게 읽어본다. 만해의 언어로 다시 말하면 '잠 없는 꿈'의 기록이다. 그러나 '님'을 향한 화자의 사랑은 쉽게 발설되지 않는다. "사랑은 '사랑'이라고 하면, 벌써 사랑이 아"(「사랑의 존재」)니라 믿는 까닭이다.

대승불교 초기의 공空 사상을 담고 있는 『금강경』은 말한다. 모든 것은 꿈이고 환상이며 물거품이며 그림자라고. 사랑도 인생도 한낱 꿈이다. 꿈이 아니라면 삶이 이토록 괴로울 리 없다. 꿈이 아니라면 사랑이 이토록 아름다울 리 없다. 그러나 일장춘몽이라 해도 꿈꿀 수 있는 삶은 존귀하다. "사랑의 속박束縛"이, "웃음과 눈물"이 꿈이라 할지라도 그 순간 느끼는 생생한 감각은 더 이상 접촉 불가능한 가상이 아니다. 현실이다.

불교는 괴로움과 그 괴로움을 없애는 방법에 대해 가르친다. 만해도 고통의 소멸 이후 마주할 '불멸不滅'을 이야기한다. 하지만 "석가의 님"(「군말」)인 중생의 마음은 수천수만 번 흔들린다. 어쩌겠는가. 번뇌의 소멸을 지향하는 미완의 존재가 중생이고, 괴로움을 느끼는 그 순간만이 진짜 삶인 것을. 살아야 한다. 오늘을 온전히 다 살아내야 한다. 그것이 비록 헛된 꿈일지라도.

휘민 2001년 《경향신문》 신춘문예 등단. 시집 『생일 꽃바구니』 『온전히 나일 수도 당신일 수도』 『중력을 달래는 사람』 외.

달을 보며

　달은 밝고 당신이 하도 그리웠습니다
　자던 옷을 고쳐 입고 뜰에 나와 퍼지르고 앉아서 달을 한참 보았습니다

　달은 차차차 당신의 얼골이 되더니 넓은 이마 둥근 코 아름다운 수염이 역력히 보입니다
　간 해에는 당신의 얼골이 달로 보이더니 오늘밤에는 달이 당신의 얼골이 됩니다

　당신의 얼골이 달이기에 나의 얼골도 달이 되얏습니다
　나의 얼골은 그믐달이 된 줄을 당신이 아십니까
　아아 당신의 얼골이 달이기에 나의 얼골도 달이 되얏습니다

* * *

　화자가 달을 한참 보노라니 그것은 점점 당신의 얼굴이 된다. 넓은 이마, 둥근 코에 아름다운 수염까지 난 것으로 봐서는 한 남성일 가능성이 크겠다. 그러면 화자는 임을 그리워하는 여성일까? 마침 한용운 시의 화자는 여성적 어조를 지니고 있다는 평을 받아왔으

니 그렇게 읽는 것은 꽤 자연스럽다. 하지만 서정적인 경어를 여성적 어조로 분류하는 관습이 불편하다. 쓰인 내용만으로는 화자의 성별을 특정할 수 없고 당신과의 관계도 알 수 없다. 어떤 사연에서든 화자가 당신을 그리워한다는 사실, 달이 당신의 얼굴로 보인다는 사실밖에 나는 모른다.

"당신의 얼굴이 달이기에 나의 얼굴도 달이 되었다"라는 화자의 말. 이 동화同化는 마치 누군가를 동경하는 이가 그와 닮고자 하는 마음의 표현 같다. 그런데 당신의 달과 '나'의 달의 꼴은 같지 않다. "넓은 이마, 둥근 코"를 지닌 당신은 보름달에 가깝겠지만 '나'는 그와 대비되는 그믐달의 형상이다. 당신이 그리워서 핼쑥해졌다는 뜻이겠지만, 그보다는 두 형상의 대비, 그리고 그 대비만큼 멀게 느껴지는 둘 사이의 거리가 더 중요한 듯하다. 두 달은 행성을 사이에 두고 공전하며 영영 만나지 못할 것이다. 화자는 그 아득한 그리움에 잠 못 이룬다.

또 다른 갈래의 생각. 달은 자전 주기와 공전 주기가 같기에 언제나 지구를 향해 같은 면으로 향하고 있다는 사실. 달은 어두워 그 모습이 제대로 보이지 않을 때조차 이쪽으로부터 얼굴을 돌린 적은 없는 셈이다. 달에서 당신의 얼굴 형상을 떠올리게 만드는 것은 달의 바다. 언젠가 당신이 뜨겁게 앓았음을 일러주는 흔적. '나'는 그런 당신을 그리며 당신을 천천히 닮아간다.

송승언 2011년 《현대문학》 등단. 시집 『철과 오크』 『사랑과 교육』, 산문집 『직업 전선』 외.

인과율因果律

당신은 옛 맹세盟誓를 깨치고 가십니다

당신의 맹세는 얼마나 참되얐습니까 그 맹세를 깨치고 가는 이별은 믿을 수가 없습니다

참 맹세를 깨치고 가는 이별은 옛 맹세로 돌아올 줄을 압니다 그것은 엄숙嚴肅한 인과율因果律입니다

나는 당신과 떠날 때에 입맞춘 입설이 마르기 전에 당신이 돌아와서 다시 입맞추기를 기다립니다

그러나 당신의 가시는 것은 옛 맹세를 깨치랴는 고의故意가 아닌 줄을 나는 압니다

비겨 당신이 지금의 이별을 영원永遠히 깨치지 않는다 하야도 당신의 최후最後의 접촉接觸을 받은 나의 입설을 다른 남자男子의 입설에 대일 수는 없습니다

* * *

맹세랄 게 뭐 있겠습니까.

인과율의 법리에 따른다면 무엇이 우리를 얽매겠습니까. 지금은 또 다른 밤

밤이 깊을수록 당신은 심야에 먹을 갈아 반듯한

종이 위에 반듯하게 붓을 세워

붓 자국만으로도 깊은 밤의 어둠을 다스리십니다.

침잠하는 당신의 영혼

어둠이 깊을수록 밑바닥 모를 무저갱의 밤공기를 뚫고

바른 자세 똑바로 옷깃 여미게 하는

당신의 엄정함

당신은 한없이 넓은 도량으로 이별마저도 마다하지 않고

마른 입술 부르트도록 뒤돌아보십니다.

그 이별은 그러니까 말이지요, 만인의 바다 깊이깊이

깊이를 가늠하게 하는 만해의 인과율입니다.

김영찬 2002년 《문학마당》 등단. 시집 『불멸을 힐끗 쳐다보다』 『투투섬에 안 간 이유』 『오늘밤엔 리스본』 외.

잠꼬대

「사랑이라는 것은 다 무엇이냐 진정한 사람에게는 눈물도 없고 웃음도 없는 것이다

사랑의 뒤움박을 발길로 차서 깨뜨려 버리고 눈물과 웃음을 티끌 속에 합장合葬하여라

이지理智와 감정感情을 두드려 깨쳐서 가루를 만들어 버려라

그리고 허무虛無의 절정絶頂에 올라가서 어지럽게 춤추고 미치게 노래하여라

그리고 애인愛人과 악마惡魔를 똑같이 술을 먹여라

그리고 천치天癡가 되든지 미치광이가 되든지 산송장이 되든지 하여 버려라

그래 너는 죽어도 사랑이라는 것은 버릴 수가 없단 말이야

그렇거든 사랑의 꽁무니에 도롱태를 달아라

그래서 네 멋대로 끌고 돌아다니다가 쉬고 싶거든 쉬고 자고 싶거든 자고 살고 싶거든 살고 죽고 싶거든 죽어라

사랑의 발바닥에 말목을 쳐놓고 붙들고 서서 엉엉 우는 것은 우스운 일이다

이 세상에는 이마빡에다 「님」이라고 새기고 다니는 사람은 하나도 없다

연애는 절대자유絕對自由요 정조貞操는 유동流動이요 결혼식장은 임간林間이다」
 나는 잠결에 큰 소리로 이렇게 부르짖었다

 아아 혹성惑星같이 빛나는 님의 미소는 흑암黑闇의 광선光線에서 채 사라지지 아니하얐습니다
 잠의 나라에서 몸부림치던 사랑의 눈물은 어느덧 베개를 적셨습니다
 용서容恕하셔요 임이여
 아무리 잠이 지은 허물이라도 님이 벌罰을 주신다면 그 벌을 잠을 주기는 싫습니다

* * *

 "사랑이라는 것은 다 무엇이냐"로 시작하는 한용운의 「잠꼬대」는 사랑에 대한 정의와 그것의 붕괴에 대한 시이다. 「잠꼬대」는 사랑에 대한 두 가지 상반된 견해로 전개된다. 첫째는 사랑의 존재론에 대한 것이다. 즉 사랑이란 없다는 회의적인 태도이다. "사랑의 뒤웅박을 발길로 차서 깨뜨려 버리고 눈물과 웃음을 티끌 속에 합장合葬하여라/ 이지理智와 감정感情을 두드려 깨쳐서 가루를 만들어 버려라"라는 단호한 어투는 사랑이 허상이며, 삶에는 사랑이란 없고 "허무虛無의 절정絶頂"만 있을 따름이라는 통찰에 다름 아니다.
 두 번째는 이에 대비되는 태도로서, 만약 "죽어도 사랑이라는 것

은 버릴 수가 없"다면, "사랑의 꽁무니에 도롱태를 달아라"라고 한다. '도롱태'라는 장난감이 의미하는 것은 사랑의 유희성일 것이다. "연애는 절대자유絶對自由"라는 생각이 여기에는 들어 있다. "멋대로 끌고 돌아다니"는 자유로운, 압도적인 유희인 것이다.

하지만 사랑의 허무나 유희, 이 두 가지 태도는 모두 '님' 이전의 왈가왈부에 불과할 것이다. 사랑이 없다거나 유희라는 것은 생각에 지나지 않으며, 님이 실제로 나타나면 모든 논쟁이 무의미해진다. "혹성惑星같이 빛나는 님의 미소는 흑암黑闇의 광선光線에서 채 사라지지 아니하였습니다"에서 알 수 있듯, 사랑이란 님의 사라지지 않는, 명확한 현존이어서, 우리는 사랑에 대해 입을 다물게 되는 것이다.

이수명 1994년 《작가세계》 등단. 시집 『왜가리는 왜가리 놀이를 한다』 『물류창고』 『도시가스』 외.

계월향桂月香에게

　계월향桂月香이여 그대는 아리따웁고 무서운 최후最後의 미소微笑를 거두지 아니한 채로 대지大地의 침대寢臺에 잠들었습니다
　나는 그대의 다정多情을 슬퍼하고 그대의 무정無情을 사랑합니다

　대동강大同江에 낚시질하는 사람은 그대의 노래를 듣고 모란봉牡丹峯에 밤놀이하는 사람은 그대의 얼골을 봅니다
　아해들은 그대의 산 이름을 외우고 시인詩人은 그대의 죽은 그림자를 노래합니다

　사람은 반드시 다하지 못한 한恨을 끼치고 가게 되는 것이다
　그대는 남은 한이 있는가 없는가 있다면 그 한은 무엇인가
　그대는 하고 싶은 말을 하지 않습니다

　그대의 붉은 한은 현란絢爛한 저녁놀이 되야서 하늘 길을 가로막고 황량荒涼한 떨어지는 날을 돌이키고자 합니다
　그대의 푸른 근심은 드리고 드린 버들실이 되야서 꽃다운 무리를 뒤에 두고 운명運命의 길을 떠나는 저문 봄을 잡어매랴 합

니다

  나는 황금黃金의 소반에 아츰 볕을 받치고 매화梅花가지에 새 봄을 걸어서 그대의 잠자는 곁에 가만히 놓아 드리겠습니다.
  자 그러면 속하면 하룻밤 더디면 한겨울 사랑하는 계월향이여

* * *

  계월향, 참 예스럽다. 슬쩍 분내까지 풍겨오니 이를 어찌하나. 21세기 서울 한복판에서 평양 기생의 이름을 음미하는 짓은 부적절하다. 이렇게 곱씹는 심중에 소용돌이가 친다. "아리따웁고 무서운 최후最後의 미소微笑"에 가슴이 뭉클해지는 게 마땅하겠으나, 그에 앞서 왜란에 내몰렸던 무능한 왕조가 짜증을 일으키고 작금의 구태 정치가 세상에 대한 혐오를 부추긴다. 임진년에. 기미년에, 이 땅의 여성은 어떻게 삶을 누렸을까, 아니 치렀을까? 오늘 우리의 딸들은 얼마나 달라진 생태 환경 속에 살고 있을까? 만해는 이 시에서 "계월향에게" 무슨 말을 건네고 싶었을까? 호국의 정신과 정절의 미덕은 과연 목숨 바쳐 지킬 만큼 아름다운 것일까? 두 가치의 모순을 죽음으로 풀어냈던 계월향에게서 만해는 그녀의 "산 이름"보다 "죽은 그림자"에 더 이끌리는 듯하다. 세상이 칭송하는 바는 한갓 기생이 이룩한 거룩함이지만 시인이 노래하는 바는 그녀의 "한恨"이다. 시인의 마음이 꽂힌 곳은 애국이나 정조의 관념이 아니라 못다 한 청춘의 붉고 푸른 시간이다. 여기서 만해는 민족 지사이기보다, 부처의 마음을 닦는 불제자이기보다, 오붓하게 시인이다. 그는

"황금黃金의 소반에 아츰 볕을 받치고 매화梅花가지에 새 봄을 걸어서" 잠에서 깨어날 그녀에게 청춘을 되돌려주고자 소원한다. 그 사랑의 마음이 너무나 지극하여 "속하면 하룻밤, 더디면 한겨울" 후를 무한의 공백으로 기약한다. 한번 진 꽃은 다시 필 일 없으련만, 그런 줄 뼛속 깊이 알고 있으련만.

양균원 1981년 《광주일보》 신춘문예, 2004년 《서정시학》 등단. 시집 『집밥의 왕자』 『목탁귀』, 영미 시 연구서 『욕망의 고삐를 늦추다』 외.

만족滿足

세상에 만족이 있너냐 인생人生에게 만족滿足이 있너냐
있다면 나에게도 있으리라

세상에 만족이 있기는 있지마는 사람의 앞에만 있다
거리距離는 사람의 팔 길이와 같고 속력速力은 사람의 걸음과 비례比例가 된다
만족은 잡을래야 잡을 수도 없고 버릴래야 버릴 수도 없다

만족을 얻고 보면 얻은 것은 불만족不滿足이오 만족은 의연依然히 앞에 있다
만족은 우자愚者나 성자聖者의 주관적主觀的 소유所有가 아니면 약자弱者의 기대期待뿐이다
만족은 언제든지 인생과 수적竪的 평행平行이다
나는 차라리 발꿈치를 돌려서 만족의 묵은 자최를 밟을까 하노라

아아 나는 만족을 얻었노라
아즈랑이 같은 꿈과 금金실 같은 환상幻想이 님 기신 꽃동산에 둘릴 때에 아아 나는 만족을 얻었노라

* * *

  음력 생일이었다. 청주에서 강의가 끝나고 대전에 도착했을 때 주차할 자리가 없어서, 동네를 몇 바퀴나 돌았는지 모르겠다. 지방 강의 때문에 머무는 대전 숙소의 1층은 갈빗집이라 간혹 이렇게 단체 손님이 들이닥치면 위층 고시원에 사는 세입자는 주차할 자리가 없어 난감하게 되었다. 이제 3년이 다 지나가는데 여전히 이 동네 주차 생리를 모르기도 하고, 아무래도 이러다가 집에 들어가기는 틀렸겠다 싶었을 때, 쓰레기를 모아두는 한쪽 코너가 눈에 들어오기 시작했다. 차를 세워둘 곳은 못 되었지만, 몸은 고되고 졸음도 밀려와 겨우 차를 박아 놓고 쓰레기 더미와 사투하다 좁은 틈을 나왔을 때 어머니께서 전화가 왔다.

  밥은 잘 챙겨 먹고 다니냐고, 아들, 생일 축하 한다고. 오늘 같은 날 밖에서 저녁이라도 사 먹으라고. 걱정과 잔소리와 안부가 섞인 어머니의 목소리가 나는 여간 귀찮지 않을 수가 없었다. 그렇게 건성으로 대꾸만 하다가 나는 전화를 끊었고, 늘 살갑지 않았던 자식이라 대수롭지 않게 통화했던 내용조차 잊고 있었을 때쯤, 누나들과 같이 있는 카톡방에 메시지가 들어왔다. 어제오늘, 어머니 냉장고가 고장 나서 음식을 다 버렸는데 너무 낡아서 수리도 안 된다는 사정의 이야기였다. 어머니는 또 왜 이러시는지, 아니 부탁할 일이 있으시면 하면 되는데, 끝내 냉장고 사달라는 말은 꺼내지도 못하고 또 축하만 해주고 전화를 끊었던 것이다.

  이제 자정이 가까워 주차할 자리가 생기고, 다시 쓰레기 더미에서 차를 꺼내러 나가는데, 하늘에는 보름달이 빛나고 있었다. 그래,

만족? 악착같이 사는 것 같은데 달라지는 것이 없었다.

박성준 2009년 《문학과사회》 시, 2013년 《경향신문》 신춘문예 평론 등단. 시집 『몰아 쓴 일기』 『잘 모르는 사이』, 평론집 『안녕, 나의 페르소나』

반비례反比例

당신의 소리는 「침묵沈默」인가요
당신이 노래를 부르지 아니하는 때에 당신의 노랫가락은 역력히 들립니다그려
당신의 소리는 침묵이여요

당신의 얼골은 「흑암黑闇」인가요
내가 눈을 감은 때에 당신의 얼골은 분명히 보입니다그려
당신의 얼골은 흑암이여요

당신의 그림자는 「광명光明」인가요
당신의 그림자는 달이 넘어간 뒤에 어두운 창에 비칩니다그려
당신의 그림자는 광명이여요

* * *

시를 쓴다는 것은 분명 보이는 것이 아니라 보이는 것을 보이게 하는 그 너머의 것에 관한 이야기이자 마음일 것이다. 이 시가 더욱 특별한 것은 단순히 그런 사실을 넘어 그것을 '반비례'를 통해 보인 다는 점이다. 보이는 것에 집착할수록 볼 수 없는 마음이 커지고, 보

이는 것에 연연해하지 않을 때 오히려 그 본질에 닿을 수 있다는 깨달음을 이렇게 쉽게 말하는 것이다. 시인은 그것의 방법론으로 마음의 소리를 가져온다. 현상이 주는 불필요하거나 왜곡된 것으로부터 자유로워지기 위해서일 것이다. 그래야 비로소 진실을 마주하고 아름다움을 볼 수 있다고 믿는 것이다. 이러한 성찰은 시대를 막론하고 항상 생각해야 하는 진리에 가깝다. 시를 창작하는 방법론에서도 그렇고, 삶을 살아가는 우리에게 정말 중요한 것이 무엇인지에 대한 진지한 질문과 궁리를 던지기 때문이다.

그러나 다른 한편으로는 어쩌면 현상과 진실은 다른 게 아니라는 말로도 읽을 수 있다. 침묵이 있어야 소리가 있고, 소리가 있어야 침묵도 있기 때문이다. 그래서 제목은 '반비례'지만 그 이면에는 '비례'가 숨어 있다는 것이다. 반비례이면서 동시에 비례인 것. 말로 다할 수 없는 슬픔. 그래서 우리는 이것을 '시'라고 말하는 건 아닐까. 시인의 모순어법이나 역설은 결국 시의 본질, 언어의 허약함을 알기 때문은 아닐까도 생각하게 된다. 말이나 언어는 그 자체로 한계를 갖고 있음을 시는 또 이렇게 우리에게 말하고 있음은 아닐까 싶다.

이승희 1999년 《경향신문》 신춘문예 등단. 시집 『작약은 물속에서 더 환한데』 외.

눈물

 내가 본 사람 가온데는 눈물을 진주眞珠라고 하는 사람처럼 미친 사람은 없습니다
 그 사람은 피를 홍보석紅寶石이라고 하는 사람보다도 더 미친 사람입니다
 그것은 연애戀愛에 실패失敗하고 흑암黑闇의 기로岐路에서 헤매는 늙은 처녀處女가 아니면 신경神經이 기형적畸形的으로 된 시인詩人의 말입니다
 만일 눈물이 진주라면 님의 신물信物로 주신 반지를 내놓고는 세상의 진주라는 진주는 다 띠끌 속에 묻어 버리겠습니다

 나는 눈물로 장식裝飾한 옥패玉珮를 보지 못하얐습니다
 나는 평화平和의 잔치에 눈물의 술을 마시는 것을 보지 못하얐습니다
 내가 본 사람 가온데는 눈물을 진주라고 하는 사람처럼 어리석은 사람은 없습니다

 아니어요 님이 주신 눈물은 진주 눈물이여요
 나는 나의 그림자가 나의 몸을 떠날 때까지 님을 위하야 진주 눈물을 흘리겠습니다

아아 나는 날마다 날마다 눈물의 선경仙境에서 한숨의 옥적玉笛을 듣습니다

나의 눈물은 백천百千 줄기라도 방울방울이 창조創造입니다

눈물의 구슬이여 한숨의 봄바람이여 사랑의 성전聖殿을 장엄莊嚴하는 무등등無等等의 보물寶物이여

아아 언제나 공간空間과 시간時間을 눈물로 채워서 사랑의 세계世界를 완성完成할까요

* * *

눈물처럼 정직한 것이 있을까. 세상에서 눈물처럼 솔직한 것이 있을까. 모든 감정의 정수淨水는 눈물로 통한다. 눈물은 정화다. 그 눈물을 '진주'라는 은유로 치부해 버리는 것은 눈물의 본질을 모르는 것이다. 그러나 눈물을 의미 중심으로만 보는 것도 무리가 있다. 그래서 만해의 시적 방법인 둘 다를 부정하면서 긍정한다. 눈물은 진주가 아니면서 진주이다. 그래서 시인은 "나의 그림자가 나의 몸을 떠날 때까지 님을 위하야 진주 눈물을 흘리것"다고 고백한다. 시인의 님은 진주 같은 눈물을 흘리게 하는 님이다. 진주가 조개의 아픔 속에서 태어나듯이 말이다. 시인의 님은 목숨을 바쳐서라도 가닿고픈 정신의 보석이다. 시간과 공간을 눈물로 채워서 사랑의 세계를 완성하고픈 열망으로 가득 찼지만, "언제나 완성할까요?"라는 물음으로 끝맺는 시인의 마음이 얼마나 안타까운지. 이렇게 간

절하고 아프고 아름답게 님을 기다리는 사람을 나는 아직까지 본 적이 없다. 그러므로 님을 향한 눈물 방울방울이 창조가 되고, "눈물의 선경仙境"에서 "옥적玉笛"이 된다. 그 눈물이 금방이라도 또르르 흘러내릴 것만 같다.

김민채 2008년 《시문학》 등단. 시집 『빗변에 서다』『노랑으로 미끄러져 보라』.

어데라도

아츰에 일어나서 세수하랴고 대야에 물을 떠다 놓으면, 당신은 대야 안의 가는 물결이 되야서 나의 얼골 그림자를 불쌍한 아기처럼 얼러줍니다

근심을 잊을까 하고 꽃동산에 거닐 때에, 당신은 꽃 새이를 슬쳐오는 봄바람이 되야서 시름없는 나의 마음에 꽃향기를 묻혀주고 갑니다

당신을 기다리다 못하야 잠자리에 누었더니 당신은 고요한 어둔 빛이 되야서 나의 잔부끄럼을 살뜰히도 덮어 줍니다

어데라도 눈에 보이는 데마다 당신이 계시기에 눈을 감고 구름 위와 바다 밑을 찾어 보았습니다

당신은 미소微笑가 되여서 나의 마음에 숨었다가 나의 감은 눈에 입맞추고「네가 나를 보너냐」고 조롱嘲弄합니다

* * *

보이는 것이 전부가 아니다. 나는 운동장 가운데 서서 사방으로 연결되는 나의 영혼을 본다. 아니 연결됐다기보다는 처음부터 하나였는지 모른다. 빅뱅 이후 하나였던 것들이 사방으로 흩어지고 갈

라지고 구분되어 거기와 여기를 만들고, 너와 나를 만들었으니까.

  그러므로 이곳에서 애타게 기다리는 당신은 "어데라도" 있다. 당신은 곧 나이니까. 비난하는 자가 아니라 내 얼굴을 아기처럼 얼러주고, 꽃향기를 묻혀주고, 부끄러움을 덮어주는 모습으로 안 보이지만 존재하는 자로 내 피부에 붙어 있다. 그러니 살아간다. 결국 모든 것은 연결되어 있으니까. 모든 것은 나의 다른 이름이니까. 당신을 갖겠다고 으름장을 놓지 않아도 이미 하나이니까. 그 믿음으로 폭풍 속에서 우리는 견뎌낼 수 있으니까.

손미 2009년 《문학사상》 등단. 시집 『양과 공동체』 『사람을 사랑해도 될까』 『우리는 이러져 있다고 믿어』 외.

떠날 때의 님의 얼골

꽃은 떨어지는 향기가 아름답습니다
해는 지는 빛이 곱습니다
노래는 목마친 가락이 묘합니다
님은 떠날 때의 얼골이 더욱 어여쁩니다

떠나신 뒤에 나의 환상幻想의 눈에 비치는 님의 얼골은 눈물이 없는 눈으로는 바로 볼 수가 없을 만치 어여쁠 것입니다
님의 떠날 때의 어여쁜 얼골을 나의 눈에 새기겠습니다
님의 얼골은 나를 울리기에는 너머도 야속한 듯하지마는 님을 사랑하기 위하야는 나의 마음을 질거웁게 할 수가 없습니다
만일 그 어여쁜 얼골이 영원永遠히 나의 눈을 떠난다면 그때의 슬픔은 우는 것보다도 아프겠습니다

* * *

만해 시집 『님의 침묵』에서 가장 많이 나오는 시어는 화자인 '나'를 제외하면 당신, 님, 사랑 순이고 그다음이 눈(눈물), 꽃, 사람, 이별 등이다. 그러니까 만해의 시편은 처음부터 끝까지 나와 당신과 사랑과 이별의 이야기라 할 수 있다. 이 시 역시 만해 특유의 은유

와 상징과 역설의 수사법을 이용해 현실적 공간이자 시적 공간인 생과 죽음의 사이에서 뜨겁게 살아가다 바람처럼 혹은 그림자처럼 자취를 감추는 님의 모습을 그리고 기리는 시다.

그런데 왜 하필이면 그 대상이 떠날 때의 마지막 얼굴인가. 왜 피어나는 꽃이 아니라 지는 꽃이 아름답고, 왜 떠오르는 해가 아니라 지는 해가 고우며, 왜 만날 때의 얼굴보다 떠날 때의 얼굴이 더 어여쁜가. 그것은 한마디로 세상에 존재하는 궁극의 경지는 마지막에 돌올하기 때문이다. 즉 자연도 사람도 님도 미혹과 번뇌와 절정을 통과한 마지막에라야 해탈에 가깝기 때문이다. 그리고 해탈에 이르면 더 이상 미추도 표정도 없겠기에 한편으로는 야속하고 한편으로는 아픈 것이다.

이렇듯 만해의 시는 늘 이별 쪽으로 기울어져 있으나 그의 다른 시에서 "우리는 만날 때에 떠날 것을 염려하는 것과 같이 떠날 때에 다시 만날 것을 믿습니다"라고 했듯이 불교에서 이별은 사랑의 또 다른 이름이므로 슬프지만 슬프지 않은, '불이不二'의 심처를 톺아보는 재미가 있다.

이용헌 2007년 《내일을여는작가》 등단. 시집 『점자로 기록한 천문서』.

최초最初의 님

맨 츰에 만난 님과 님은 누구이며 어늬 때인가요
맨 츰에 이별한 님과 님은 누구이며 어늬 때인가요
맨 츰에 만난 님과 님이 맨 츰으로 이별하얏습니까 다른 님과 님이 맨 츰으로 이별하얏습니까

나는 맨 츰에 만난 님과 님이 맨 츰으로 이별한 줄로 압니다
만나고 이별이 없는 것은 님이 아니라 나입니다
이별하고 만나지 않는 것은 님이 아니라 길 가는 사람입니다
우리들은 님에 대하야 만날 때에 이별을 염려하고 이별할 때에 만남을 기약합니다
그것은 맨 츰에 만난 님과 님이 다시 이별한 유전성遺傳性의 흔적痕迹입니다

그러므로 만나지 않는 것도 님이 아니오 이별이 없는 것도 님이 아닙니다
님은 만날 때에 웃음을 주고 떠날 때에 눈물을 줍니다
만날 때의 웃음보다 떠날 때의 눈물이 좋고 떠날 때의 눈물보다 다시 만나는 웃음이 좋습니다
아아 님이여 우리의 다시 만나는 웃음은 어늬 때에 있습니까

* * *

   '최초의 님'이니 '님의 기원'이라고 할 수 있겠다. 의문문으로 전개된 1연은 태초에 대한 물음이다. 태초에 만남과 이별은 누구에 의해 언제 이루어졌는가? 최초로 만나고 이별한 님은 같은 님인가 다른 님인가? 2연 첫 행의 대답은 단호하다. 맨 처음 만난 님이 맨 처음 이별도 한 것이다.
   그리고 '나', '길 가는 사람', '우리들'이 차례로 등장한다. '나'는 만남은 있지만 이별이 없다. '길 가는 사람'은 이별만 있고 만남이 없다. '우리들'은 만날 때 이별을 염려하고 이별할 때 만남을 기약한다. '나'와 '길 가는 사람'이 길항하는 가운데 '우리들'은 만남과 이별에 대한 근본적인 이해로 이를 극복한다. 그리고 이는 '유전성의 흔적' 즉, '최초의 님'에서 비롯한 만남과 이별의 본바탕이다.
   '그러므로' 3연에서 결론에 이른다. 만남과 이별, 만날 때 웃음과 떠날 때 눈물은 반복되는 것이며, 되풀이되는 과정을 통해 눈물도 웃음도 더, 더욱더 좋아지게 되면서 새로운 차원으로 나아가는 것이다.
   만남과 이별에 대해 객관적으로 차분하게 궁구하고 있지만, 궁구하는 과정에서 "이별 없는 것은 님이 아니라 나입니다", "아아 님이여 우리 다시 만나는 웃음은 어느 때 있습니까" 두 행이 빚어내는 역설이 절규에 가깝게 쟁쟁하다.

박순원 2005년 《서정시학》 등단. 시집 『그런데 그런데』 『에르고스테롤』 『흰 빨래는 희게 빨고 검은 빨래 검게 빨아』 외.

두견새

두견새는 실컷 운다
울다가 못다 울면
피를 흘려 운다

이별한 한恨이야 너뿐이랴마는
울래야 울지도 못하는 나는
두견새 못 된 한을 또다시 어찌하리

야속한 두견새는
돌아갈 곳도 없는 나를 보고도
「불여귀不如歸 불여귀不如歸」

* * *

  피를 토하는 울음[血哭]은 어떤 것일까. 이별한 슬픔이 얼마나 크고 깊어야, 울어도 다 울지 못하는 울음이 남게 되는것인가. '님'과의 이별로 인한 한恨은 한용운 선생의 시에 나타나는 대표적 정서다. '님'의 존재는 단순히 사랑하는 사람과의 이별이라는 측면을 넘어 일제강점기라는 시대적 상황 속에서 잃어버린 조국을 상징한다는 것은 누구나 아는 사실일 것이다. 이 시는 이별로 인한 '님'의 상실과 부재로 인해 고통당하는 화자의 내면을 두견새의 울음을 통해 비유적으로 드러내고 있다. 두견은 "우리말로는 접동새라 하고, 한자어로는 두우杜宇·자규子規라고도 한다. 울음소리가 구슬퍼서 한恨이나 슬픔의 정서를 표출하는 시가문학의 소재로 자주 등장"(한국민족문화대백과)하는 새다. 입속이 빨개서 입을 벌리며 울 때 피를 머금고 있는 듯한 모습도 이러한 정서를 뒷받침하는 것은 아닐까. 이 시에서 두견은 울음을 통해 고여있던 슬픔의 한을 남김없이 쏟아내고자 한다. 실컷 울고 나면 조금은 후련해지는 것처럼, 들썩이던 어깨가 고요히 잦아드는 것처럼. 하지만 그렇게 실컷 울지도 못한다는 '나'의 진술은 우는 것보다 훨씬 더 아프고 절절하다. 울음마저 억누르거나 혹은 가슴이 먹먹해져 아예 울음조차 나오지 않는, 가장 강도 높은 슬픔이 짐작되기 때문이다. 그래서 화자인 '나'는 울기라도 하는 두견이 못 된 것이 또 하나의 한으로 남는다고 말한다. 이별의 상황과 대상이 무엇이었든 이제는 돌아갈 곳조차 없는 슬픈 현실에 대해 '불여귀不如歸 불여귀不如歸' 울고 있는 두견은 그래서 더 야속하게만 느껴지는 것이리라.

채수옥 2002년 《실천문학》 등단. 시집 『오렌지는 슬픔이 아니고』 『덮어놓고 웃었다』 외.

나의 꿈

당신이 맑은 새벽에 나무 그늘 새이에서 산보할 때에 나의 꿈은 적은 별이 되야서 당신의 머리 위를 지키고 있겠습니다
당신이 여름날에 더위를 못 이기여 낮잠을 자거든 나의 꿈은 맑은 바람이 되야서 당신의 주위周圍에 떠돌겠습니다
당신이 고요한 가을 밤에 그윽히 앉아서 글을 볼 때에 나의 꿈은 귀따라미가 되야서 책상 밑에서 「귀똘귀똘」 울겠습니다

* * *

한용운 시의 특징은 절대적 진리와 구원에 이르는 길을 구체적 실감으로 끌어내리고 다시 드높이는 전환에 있다. 여러 시공간에서의 이미지의 누적과 중첩을 통해 그 의미는 파문을 일으키며 펴져나간다. '님'이 초월적이고 모순적인 존재인 데 반해, '당신'은 피와 살을 가진 지상의 존재이며 '나'와의 관계성으로 그 의미와 가치를 지닌다. 「나의 꿈」은 이러한 관계성을 소박하게 풀어낸 시이다.
'나의 꿈'은 산책이든 낮잠이든 독서든 당신이 자기에게 침잠해 있을 때 그 곁에 머문다. 당신이 '나의 꿈'을 알아차리지 못할 때에만 나의 꿈은 당신에게 닿을 수 있다. 당신이 알아채지 못하는 먼 거리에서 지긋이 지켜보고, 당신이 자고 있는 동안에 주위를 떠돌

며, 당신의 독서를 북돋는 규칙적인 울음을 보낸다. 이 시는 "당신이 ~할 때에, 나는 ~하겠습니다"는 문형을 반복한다. 여기서 현대어 "-겠습니다"는 의지적 표현과 미래의 일에 대한 추측을 동시에 함의하고 있다. 그러면서도 '그럴 수밖에 없다'는 당위나 보편적 진리의 뜻이 담겨 있기도 하다. 충청도 방언 '겄'을 표준어 '겠'으로 바꾸는 순간 이러한 뒤의 뜻은 가려진다. 자신의 존재를 인지하기 가장 어려운 때에 당신의 곁에 머물거나 당신이 가는 길을 함께하는 것이 나의 존재 근거이고 소명이라는 것이다. 당신과 나는 그렇게 거리를 두고서만 함께할 수 있다. 내가 당신을 지키고 돌보는 것은 모든 계절과 시간을 아우르며 감각적 친밀감을 내포하고 있지만, 그 거리는 시상이 진행될수록 좁혀진다. 의성어 '귀뚤귀뚤'은 그렇게 또렷하게 인지된다. 그 선명한 소리의 감각적 현현이 저 의성어에 있다.

신철규 2011년 《조선일보》 신춘문예 등단. 시집 『지구만큼 슬펐다고 한다』 『심장보다 높이』.

우는 때

꽃 핀 아츰 달 밝은 저녁 비 오는 밤 그때가 가장 님 긔로운 때라고 남들은 말합니다

나도 같은 고요한 때로는 그때에 많이 울었습니다

그러나 나는 여러 사람이 모혀서 말하고 노는 때에 더 울게 됩니다

님 있는 여러 사람들은 나를 위로하야 좋은 말을 합니다마는 나는 그들의 위로하는 말을 조소로 듣습니다

그때에는 울음을 삼켜서 눈물을 속으로 창자를 향하야 흘립니다

* * *

울고 싶은 날이 있다. 세상의 모든 소리가 희미해지고, 나 홀로 투명한 유리 상자 속에 갇힌 듯한 그런 날. 억지로 지어 보이는 미소 뒤편으로 금방이라도 터져 흐를 듯 찰랑이는 눈물방울을 간신히 붙잡고 있는 날. 그럴 때, 만해 한용운의 짧은 시 「우는 때」를 꺼내 읽으면 좋겠다. 활짝 핀 꽃잎이 눈부신 아침, 은빛 달빛이 쏟아지는 고요한 저녁, 촉촉한 빗방울이 창문을 두드리는 밤. 남들이라

면 당연히 부재하는 '님'을 사무치게 그리워할 법한 그 아름다운 시간 속에서, 나 역시 익숙한 듯 고독한 슬픔에 잠기곤 한다. 그러나 아이러니하게도, 진정으로 내 마음 깊숙한 곳에서부터 울음을 끌어올리는 순간은 여러 사람들이 모여 웃음꽃을 피우는 시끌벅적한 풍경 속이다.

  왁자지껄 대화 소리가 마치 하나의 배경음악처럼 공간을 채운다. 저마다의 이야기에 열정적으로 귀 기울이는 사람들. 그들이 때로는 측은한 듯, 때로는 안쓰러운 듯 나에게 다가와 건조한 위로의 말들을 건넨다. 나는 선율에 흠집이 가는 소리를 듣는다. 텅 빈 방, 구슬픈 멜로디처럼 울려 퍼지는 목소리가 차갑고 날카로운 조각처럼 느껴진다. 공허한 위안의 메아리는 이미 높게 쌓아 올려진 내 고독의 벽을 더욱 단단하게 굳건히 다져 올리는 듯하다. 공유할 수 없는 상실은 별빛 아래 홀로 남겨진 외톨이처럼, 나를 청명한 방울처럼 덧없이 둥둥 떠다니게 한다.

김보람 2008년 《중앙신인문학상》 등단. 시집 『모든 날의 이튿날』 『괜히 그린 얼굴』 『이를테면 모르는 사람』.

타골의 시詩(GARDENISTO)를 읽고

　벗이여 나의 벗이여 애인愛人의 무덤 위의 피어 있는 꽃처럼 나를 울리는 벗이여
　적은 새의 자최도 없는 사막沙漠의 밤에 문득 만난 님처럼 나를 기쁘게 하는 벗이여
　그대는 옛 무덤을 깨치고 하늘까지 사모치는 백골白骨의 향기香氣입니다
　그대는 화환花環을 만들랴고 떨어진 꽃을 줏다가 다른 가지에 걸려서 줏은 꽃을 헤치고 부르는 절망絶望인 희망希望의 노래입니다

　벗이여 깨어진 사랑에 우는 벗이여
　눈물이 능히 떨어진 꽃을 옛 가지에 도로 피게 할 수는 없습니다
　눈물을 떨어진 꽃에 뿌리지 말고 꽃나무 밑의 띠끌에 뿌리서요

　벗이여 나의 벗이여
　죽음의 향기香氣가 아모리 좋다 하야도 백골白骨의 입설에 입맞출 수는 없습니다
　그의 무덤을 황금黃金의 노래로 그물치지 마서요 무덤 위에 피

묻은 깃旗대를 세우서요
  그러나 죽은 대지大地가 시인詩人의 노래를 거쳐서 움직이는 것을 봄바람은 말합니다

  벗이여 부끄럽습니다 나는 그대의 노래를 들을 때에 어떻게 부끄럽고 떨리는지 모르겠습니다
  그것은 내가 나의 님을 떠나서 홀로 그 노래를 듣는 까닭입니다

＊ ＊ ＊

  타고르는 인도 독립의 정신을 품은 시인이자, 서구 문명과 동양 정신 사이에서 고뇌한 사상가이다. 그의 시는 한국 근대 시에도 깊은 영향을 남겼다. 한용운은 타고르의 시에 감동했으나 끝내 전적으로 공감하지는 않았다. 영원한 피안의 세계를 노래하는 타고르의 시는 아름답고 경건하지만, 현실을 떠난 노래는 결국 절망이요 죽음이라 말한다.
  "죽음의 향기가 아무리 좋다 하여도 백골의 입술에 입 맞출 수는 없습니다" 시 전체에서 가장 전복적인 이 구절은 죽음을 숭배하지 말라는 경고다. "무덤을 황금의 노래로 그물치지 마라"는 말에는 죽음을 감상적으로 소비하거나 미화하는 현대 예술의 태도에 대한 비판처럼 들린다.
  "절망인 희망의 노래"라는 역설은 작품의 심장이다. 희망과 절망은 서로 반대가 아니라, 같은 뿌리 위에서 자란다. 희망은 절망 위

에 피고, 절망은 희망의 가능성 안에서 도래한다.

"벗이여 부끄럽습니다 나는 그대의 노래를 들을 때에 어떻게 부끄럽고 떨리는지 모르겠습니다"

그저 부끄러움의 고백이 아니다. 그것은 존재 깊은 곳에서 일어나는 떨림, 자기 내면의 노래(님)를 마주한 자의 혼란이다. 하이데거가 말한 '존재 앞의 낯섦'처럼, 떨림은 현실을 사는 자의 죄의식이며, 그것을 넘어선 삶의 길을 모색하는 시인의 '내면적 정원'에 부는 바람이다.

김지명 2013년 《매일신문》 신춘문예 등단. 시집 『쇼펜하우어 필경사』 『다들 컹컹 웃음을 짖었다』.

수繡의 비밀秘密

나는 당신의 옷을 다 지어놓았습니다
심의도 짓고 도포도 짓고 자리옷도 지었습니다
짓지 아니한 것은 적은 주머니에 수놓는 것뿐입니다

그 주머니는 나의 손때가 많이 묻었습니다
짓다가 놓아두고 짓다가 놓아두고 한 까닭입니다
다른 사람들은 나의 바느질 솜씨가 없는 줄로 알지마는 그러한 비밀은 나밖에는 아는 사람이 없습니다
나는 마음이 아프고 쓰린 때에 주머니에 수를 놓으랴면 나의 마음은 수놓는 금실을 따라서 바늘 구녕으로 들어가고 주머니 속에서 맑은 노래가 나와서 나의 마음이 됩니다
그리고 아즉 이 세상에는 그 주머니에 널 만한 무슨 보물이 없습니다
이 적은 주머니는 짓기 싫여서 짓지 못하는 것이 아니라 짓고 싶어서 다 짓지 않는 것입니다

* * *

1926년에 발간된 만해 시집 『님의 침묵』에 실려있는 이 시는 대부분의 만해 시에서 보이는 사랑시의 외형을 가지고 있지만, 단지

사랑시에 머물러 있지 않고 다양한 상징성과 중의적 의미를 지니고 있다. 이 시의 첫 행에서 화자는 "나는 당신의 옷을 다 지어 놓았습니다"는 고백을 하고 있는데, 이는 화자가 오래전부터 '당신'을 기다리며 연모해왔음을 말해주는 것이다. 신분이 높은 선비의 웃옷이 '심의'라는 점에서 우리는 화자가 기다리는 '당신'이 범상치 않은 존재라는 것을 알 수 있다. 옷을 다 지어놓은 화자가 아직 남겨놓은 것은 "적은 주머니에 수놓는 것"뿐이다. 그 주머니는 화자가 "짓다가 놓아두고 짓다가 놓아두고 한 까닭"에 손때가 많이 묻어있다. 화자가 주머니의 수를 완결시키지 않은 것은 다분히 의도적인, 화자만이 아는 비밀이다. 그 비밀의 열쇠는 "나는 마음이 아프고 쓰린 때에 주머니에 수를 놓으랴면 나의 마음은 수놓는 금실을 따라서 바늘 구녕으로 들어가고 주머니 속에서 맑은 노래가 나와서 나의 마음이 됩니다"는 구절에 집약되어 있다. 즉 이 시의 '주머니'는 화자의 아프고 쓰린 마음을 정화시켜주는 '마음의 주머니'이다. 그런데 화자가 이 주머니를 완성하지 않는 것은 "아즉 이 세상에는 그 주머니에 넣 만한 무슨 보물이 없"기 때문이다. 이는 화자가 기다리는 마음의 보물인 '당신'의 부재와도 무관하지 않다. 만약 이 시를 메타시로 읽는다면 '맑은 노래(詩)'가 흘러나오는 주머니는 시인의 시심詩心으로 해석될 수도 있다. 여기서의 '맑은 노래'는 스님으로서의 시인이 추구하는 도道와도 무관하지 않다는 점에서 '완결'보다는 '과정'에 더 큰 가치가 주어져 있다.

박남희 1996년 《경인일보》, 1997년 《서울신문》 신춘문예 등단. 시집 『폐차장 근처』 『아득한 사랑의 거리였을까』 『어쩌다 시간여행』 외.

사랑의 불

　산천초목山川草木에 붙는 불은 수인씨燧人氏가 내셨습니다
　청춘靑春의 음악音樂에 무도舞蹈하는 나의 가슴을 태우는 불은 가는 님이 내셨습니다

　촉석루矗石樓를 안고 돌며 푸른 물결의 그윽한 품에 논개論介의 청춘을 잠재우는 남강南江의 흐르는 물아
　모란봉牡丹峯의 키쓰를 받고 계월향桂月香의 무정無情을 저주咀呪하면서 능라도綾羅島를 감돌아 흐르는 실연자失戀者인 대동강大同江아
　그대들의 권위權威로도 애태우는 불은 끄지 못할 줄을 번연히 아지마는 입버릇으로 불러 보았다
　만일 그대네가 쓰리고 아픈 슬픔으로 졸이다가 폭발爆發되는 가슴 가온데의 불을 끌 수가 있다면 그대들이 님 괴로운 사랑을 위하야 노래를 부를 때에 이따감 이따감 목이 메어 소리를 이르지 못함은 무슨 까닭인가
　남들이 볼 수 없는 그대네의 가슴속에도 애태우는 불꽃 거꾸로 타들어가는 것을 나는 본다

　오오 님의 정열情熱의 눈물과 나의 감격感激의 눈물이 마조 다

서 합류合流가 되는 때에 그 눈물의 첫 방울로 나의 가슴의 불을 끄고 그 다음 방울을 그대네의 가슴에 뿌려 주리라

* * *

나의 가슴에 '불'을 붙이고 '가는 님'. 그 '님'의 부재는 희망의 부재이고 고통의 현실이다. 대체로 그런 '이별'에 관한 시적 담론의 본질은 '현실 부정'으로 나타난다. 현실이 부정되는 것은 '님'이 부재한 까닭이기에 내 가슴을 태우는 '사랑의 불'은 쉽사리 꺼지지 않는다. '촉석루'를 안고 흐르는 '남강'의 푸른 물결로도 '모란봉'의 '능라도'를 감돌아 흐르는 '대동강'의 강물로도 그 '불'은 끌 수 없다. 몇 계절이 바뀌어 '산천초목'이 변해도 그 사랑은 더 깊고 더 오래 견딘다.

그래서 '님 긔루운 사랑'은 기다리는 것이 아니라 견디는 것일지도 모른다. '견딤'의 미학은 무엇을 위해 견디고, 언제까지 견뎌야 하는지 기약이 없다. '사랑'은 인간의 감정이고, 희로애락의 극치이지만 '님'과의 이별은 만남을 위한 통과 제의일 뿐. 작약이 피어서 작약이 이렇게 환하게 피어서 세상 부러울 것이 없다고 그 무엇도 서두르지 않는다. 하지만 이 시의 중심이 '나'의 '사랑'에 있지 않고, '님'이 나에게 주는 '사랑'에 있다면, 나는 '님'의 사랑 속에서만 나의 존재 의미를 찾을 수밖에 없다.

그래서 누군가의 가슴에서 애태우는 '사랑의 불꽃'이 '거꾸로 타들어가는' 것을 볼 줄 아는 시인의 눈은 오래 미덥다. 삶은 아름답지만 찰나이고 모든 사랑은 언젠가 이별이 예정돼 있기에. 마중도 배

웅도 없이 사랑과 이별은 그렇게 들이닥쳤다가 또 떠난다. 그렇게 이별은 사랑을 단련시키고, 견딤은 사랑을 더 기른다.

　불교의 핵심 교리인 자비와 해탈은 보시행과 초월적 지향을 목적으로 열반으로 향하는 과정이다. 불교적 통찰로서 '사랑의 불'은 무엇을 의미하는 것일까. 그 '사랑의 불'이 나와 님을 넘어 보편적 감정으로 이어진다면, 자연과 역사라는 거시적 맥락에서 민족적 정서와 그 사랑의 열망은 또 어떻게 시로 승화되는 것일까. 생과 사, 희망과 절망이 순환하는 자연의 질서 속에서 그 '사랑의 불'은 역설적으로 더 강렬히 타오를지 모른다. 비애와 고통도 없이, 기다리다 기다리다 천년의 시름이 되어도, 맹목 또 맹목으로!

김지율 2009년 《시사사》 등단. 시집 『내 이름은 구운몽』 『우리는 날마다 더 아름다워져야 한다』, 연구서 『문학의 헤테로토피아는 어떻게 기억되는가』 외.

「사랑」을 사랑하야요

당신의 얼골은 봄 하늘의 고요한 별이여요

그러나 찢어진 구름 새이로 돋어 오는 반달 같은 얼골이 없는 것이 아닙니다

만일 어여쁜 얼골만을 사랑한다면 웨 나의 벼갯모에 달을 수놓지 않고 별을 수놓아요

당신의 마음은 티 없는 숫옥玉이여요 그러나 곱기도 밝기도 굳기도 보석 같은 마음이 없는 것이 아닙니다

만일 아름다운 마음만을 사랑한다면 웨 나의 반지를 보석으로 아니하고 옥으로 만들어요

당신의 시詩는 봄비에 새로 눈트는 금金결 같은 버들이여요

그러나 기름 같은 바다에 피어오르는 백합百合꽃 같은 시가 없는 것이 아닙니다

만일 좋은 문장文章만을 사랑한다면 웨 내가 꽃을 노래하지 않고 버들을 찬미讚美하여요

왼 세상 사람이 나를 사랑하지 아니할 때에 당신만이 나를 사랑하얐습니다

나는 당신의 「사랑」을 사랑하야요

* * *

"당신의 사랑을 사랑"한다고 할 때 '당신의 사랑'은 '온 세상 사람이 사랑하지 아니할 때 나를 사랑'한 것이다. 나는 배제된 것까지 사랑하는 당신의 사랑법대로 별의 고요함과 숫옥의 티 없음과 버들의 눈틈을 사랑하고, 그 사랑을 표현하기 위해 수를 놓고 반지를 만들고 찬미한다. 당신의 사랑을 느끼고 사랑법을 배우고 그 방식대로 사랑의 행위를 하는 것이 곧 나의 사랑법이기 때문이다. 배제된 것들까지 사랑하고자 하는 '당신'과 '나'의 사랑법은, 만해가 『님의 침묵』 전체를 통해 말하고자 하는 바와 상통한다. 배제된 상태에 있는 중생들에게 이 나라는 '당신'처럼 '없음인 동시에 있음'이므로, 이 나라 국민도 국민으로서 돌보아지고 있음을 역설하는 것. '나'의 고난 극복의 사랑 이야기를 통해 각자가 '당신'을 묻고 사랑할 수 있는 존재라는 것을 깨닫게 하려는 것.

배제된 상태로 돌보아질 필요가 없다고 여기는 현재의 우리는 "당신의 사랑"보다는 "사랑을 사랑하"겠다는 말에 더 이끌린다. 그만큼 우리가 경험한 사랑이 온전치 못했다는 뜻이기도 한데, 사랑 잘 못하는 우리여, 어쩌면 우리는 '당신'에 대해 다 알아버렸다고 착각하고 있는 것은 아닐까? 정녕 우리가 배제되지 않은 상태인가? 스스로를 배제하고 있지는 않은가? 사랑은 사랑을 통해 배울 수밖에 없고 '당신'이 있어야만 가능한 것이므로 '당신'을 빼놓고 '사랑을 사랑'할 순 없다. 사랑은 '나의 당신'을 발견하는 일이고, '당신'을 찾는 중에 비로소 나는 '나의 있음'을 알 수 있다. 우린 아직 어린 중생이어서 '각자의 당신을 찾으라'는 만해의 사랑법은 여전히 유효하다.

부영우 2009년 《경향신문》 신춘문예 대중문화평론, 2024년 웹진 《님Nim》 시 등단.

버리지 아니하면

　나는 잠자리에 누워서 자다가 깨고 자다가 깨다가 잘 때에 외로운 등잔불은 각근恪勤한 파수군把守軍처럼 왼 밤을 지킵니다
　당신이 나를 버리지 아니하면 나는 일생一生의 등잔불이 되야서 당신의 백년百年을 지키겠습니다

　나는 책상 앞에 앉어서 여러 가지 글을 볼 때에 내가 요구要求만 하면 글은 좋은 이야기도 하고 맑은 노래도 부르고 엄숙嚴肅한 교훈敎訓도 줍니다
　당신이 나를 버리지 아니하면 나는 복종服從의 백과전서百科全書가 되야서 당신의 요구要求를 수응酬應하겠습니다

　나는 거울에 대하야 당신의 키쓰를 기다리는 입설을 볼 때에 속임없는 거울은 내가 웃으면 거울도 웃고 내가 찡그리면 거울도 찡그립니다
　당신이 나를 버리지 아니하면 나는 마음의 거울이 되야서 속임없이 당신의 고락苦樂을 같이 하겠습니다

　　　　　　　＊ ＊ ＊

밤은 누구에게나 공평하지만, 어둠을 견디는 마음의 크기는 사람마다 다르다. 말없이 깨어 있는 시간, 창문 틈새로 스며드는 바람 소리 하나에도 마음이 흔들리는 시간. 흔들려도 꺼지지 않으려고 발버둥치고 혼자여도 어둠을 밝히려는 시간. 사랑이란 누군가를 향한 간절한 바람이지만, 스스로를 태워 자신을 지켜내는 일일지도 모른다. 다만 단 하나의 조건, '나를 버리지 아니하면'.

책상 앞에 앉아 무심히 책을 펼칠 때나 거울 앞에 서서 무심코 얼굴을 바라볼 때도 마찬가지다. 그곳은 때론 풍경이 되고, 노래가 되고, 묵직한 질문이 된다. 책장은 아무 말 없이 손길을 받아들이고, 거울은 정직하게 속마음을 드러낸다. 누군가를 온전히 사랑한다는 것은 그 사람의 작은 요구에도 귀 기울이고, 그의 기쁨과 슬픔에 따뜻하게 응답하겠다는 뜻이다. 하지만, 이 역시 한 가지 조건이 있다. '당신이 나를 버리지 아니하면'.

'버리지 아니하면'이라는 반복적인 조건에는 사랑의 지속을 바라는 간절함과 그 사랑이 언제든 깨어질 수 있다는 불안이 동시에 존재한다. 님의 침묵에서 '님'처럼 사랑의 대상은 조국이나 절대자에 대한 헌신임은 두말할 필요가 없을 것이다. "일생一生의 등잔불이 되야서, 복종服從의 백과전서百科全書가 되야서, 당신의 고락苦樂을" 기꺼이 따르겠다는 의지를 드러내지만, 여기에도 단 한 가지 조건을 제시한다. '버리지 아니하면'.

김연종 2004년 《문학과경계》 등단. 시집 『극락강역』 『히스테리증 히포크라테스』 『청진기 가라사대』 외.

당신 가신 때

   당신이 가실 때에 나는 시골에 병들어 누워서 이별의 키쓰도 못하얏습니다
   그때는 가을바람이 츰으로 나서 단풍이 한 가지에 두서너 잎이 붉었습니다

   나는 영원永遠의 시간時間에서 당신 가신 때를 끊어내겼습니다 그러면 시간은 두 도막이 납니다
   시간의 한 끝은 당신이 가지고 한 끝은 내가 가졌다가 당신의 손과 나의 손과 마조 잡을 때에 가만히 이어 놓겼습니다

   그러면 붓대를 잡고 남의 불행한 일만을 쓰랴고 기다리는 사람들도 당신의 가신 때는 쓰지 못할 것입니다
   나는 영원의 시간에서 당신 가신 때를 끊어내겼습니다

* * *

   나는 당신이 가신 때를 끊어 낸 사람. 그러므로 당신이 가신 때를 가지고도 있는 사람. 당신이 가신 때를 끊어 냈으니 당신과 나 사이는 계속 영원의 시간. 그러나 그때 영원의 시간도 끊어졌을지

모를 일.

당신이 가실 때 상심한 나는 이별의 키스를 하지 않은 사람. 그러므로 나는 당신이 가신 때를 만나지 못한 사람. 그러므로 나는 당신과 이별하지 않은 사람. 나는 이별을 하지 않았으나 텅 빈 곳에서 당신의 부재를 확인하는 사람.

당신이 가신 때를 끊어냈으니 당신은 영원을 가졌고. 나도 영원을 가진 사람. 동시에 당신이 가신 때를 가진 나는 고통을, 아픔을, 이별을 매 순간 경험하는 사람. 그래서 나는 당신을 보낼 수 없는 사람. 보내지 않는 사람.

나는 이별의 화자이자 영원의 주인공. 말하는 동시에 당신과 나의 시간을 만들어 가는 사람. 그래서 언제까지나 끝나지 않을 세계를 가진 사람.

"님은 갔지만 나는 님을 보내지 아니하였습니다"라는 만해의 오래된 역설은 분리를 선택하기보다는 어느 순간에도 참여를 선택하겠다는 뜻. 기꺼이 당사자가 되겠다는 뜻. 모든 시간이 되겠다는 뜻. 만해의 역설이 비유에 그치지 않고 내내 현대성을 갖는 이유다.

이원 1992년 《세계의문학》 등단. 시집 『세상에서 가장 가벼운 오토바이』 『불가능한 종이의 역사』 『사랑은 탄생하라』 외.

요술妖術

  가을 홍수洪水가 적은 시내의 쌓인 낙엽落葉을 휩쓸어 가듯이 당신은 나의 환락歡樂의 마음을 빼앗어 갔습니다 나에게 남은 마음은 고통苦痛 뿐입니다
  그러나 나는 당신을 원망할 수는 없습니다 당신이 가기 전에는 나의 고통의 마음을 빼앗어 간 까닭입니다
  만일 당신이 환락의 마음과 고통의 마음을 동시同時에 빼앗어 간다 하면 나에게는 아모 마음도 없겠습니다

  나는 하늘의 별이 되야서 구름의 면사面紗로 낯을 가리고 숨어 있겠습니다
  나는 바다의 진주眞珠가 되얏다가 당신의 구두에 단추가 되겠습니다
  당신이 만일 별과 진주를 따서 게다가 마음을 너서 다시 당신의 님을 만든다면 그때에는 환락의 마음을 너주서요
  부득이 고통의 마음도 넣야 하겠거든 당신의 고통을 빼어다가 너주서요
  그리고 마음을 빼앗어 가는 요술妖術은 나에게는 가르쳐 주지 마서요
  그러면 지금의 이별이 사랑의 최후最後는 아닙니다

* * *

 사랑에는 최후가 없습니다. 당신이 세상을 떠나면서 "나의 환락의 마음"을 빼앗아 가고 "고통"의 마음을 남겨 주었지만 나는 세상을 떠난 당신을 "원망"할 수 없습니다. 당신은 떠나기 전 나의 "고통의 마음" 또한 빼앗아 갔기 때문입니다. 당신이 "환락의 마음과 고통의 마음"을 동시에 빼앗아 간다고 하면 나는 "마음"도 없는 사람이 될 것이라 말하고 있습니다.
 당신이 떠난 세계는 폐허가 됩니다. 그 세계에서 인간의 기뻐하는 마음과 고통스러워하는 마음은 하나씩 사라지게 되며 하늘과 땅과 바다를 대표하는 자연과 하나가 될 수 있는 기회마저 빼앗기게 됩니다. 그러나 화자인 나는 당신과의 이별을 원망하지 않습니다. 당신이 없는 세계에서 "당신의 님"을 기다리는 것은 사랑에는 최후가 없다는, 사랑에는 마지막이 없다는 선언입니다.
 당신과 이별한 세계에서 나는 "하늘의 별"과 "바다의 진주"와 "당신의 구두"의 "단추"가 되어서 기다립니다. 당신은 하늘과 바다에서 건진 "별과 진주"에 "마음"을 넣고 "당신의 님"을 만든다면 그때 비로소 나에게 "환락의 마음"을 넣어달라고 간청하고 있습니다. "고통의 마음"도 넣어야 한다면 "당신의 고통"을 넣어달라고 간곡하게 부탁하고 있습니다. 당신이 "마음을 빼앗아 가는 요술"을 나에게 가르쳐 주지 않았으면 하는 부탁을 마지막으로 하는 것은 아마도 빼앗길 마음이 없기 때문인지도 모릅니다. 그러나 당신과의 "지금의 이별"이 "사랑의 최후"가 아닌 이유는 당신이 새로 이 세상에 올 때 수많은 "나"는 당신이 만든 "당신의 님" 속에 함께하기 때문입니다.

안주철 2002년 《창비신인시인상》 등단. 시집 『다음 생에 할 일들』 『불안할 때만 나는 살아 있다』 『느낌은 멈추지 않는다』.

당신의 마음

  나는 당신의 눈썹이 검고 귀가 갸름한 것도 보았습니다
  그러나 당신의 마음은 보지 못하얏습니다
  당신이 사과를 따서 나를 주랴고 크고 붉은 사과를 따로 쌀 때에 당신의 마음이 그 사과 속으로 들어가는 것을 분명히 보았습니다

  나는 당신의 둥근 배와 잔나비 같은 허리와를 보았습니다
  그러나 당신의 마음을 보지 못하얏습니다
  당신이 나의 사진과 어떤 여자의 사진을 같이 들고 볼 때에 당신의 마음이 두 사진의 새이에서 초록빛이 되는 것을 분명히 보았습니다

  나는 당신의 발톱이 희고 발꿈치가 둥근 것도 보았습니다
  그러나 당신의 마음을 보지 못하얏습니다
  당신이 떠나시랴고 나의 큰 보석 반지를 주머니에 넣실 때에 당신의 마음이 보석 반지 너머로 얼골을 가리고 숨는 것을 분명히 보았습니다

* * *

사랑이라는 마음을 어디다 두고 살라는 건지요. 그건 관념의 검불 지푸라기나 삭정가지가 아니라 오늘에야 다감의 고사리손이 펴지고 영혼의 눈이 뜨인 것같이 우선은 열심熱心으로 그윽이 바라보라는 것이지요. 정기 어린 당신의 이목구비 감관感官 중에 우선은 그대의 눈길을 먼저 오롯이 받고자 해요. 내가 그러하니 음전한 당신이라지만 당신인들 오죽하겠어요.

때로는 시르죽듯 몬존하여 실망이 들다가도 언제 그랬느냐는 듯이 다시 생동의 풀빛을 얻어가는 맥락은 이 지구 이 땅별 이 땅 위에 온 이유이겠지요. 나고 죽고 다시 살아나는 생멸의 굴레를 허무의 도가니에 던져넣는다 해도 사는 방편이 모두를 바라보게 돼 있다는 것이 초록이 번지는 오월의 속종인 걸 어찌하겠어요.

살아봅시다, 하는 어느 사내의 어느 가시내의 말씀이 긴 한숨 끝에 혹은 얼근한 술김의 도중에 돋아난 것을 건성으로 지나치긴 너무 간절해 눈시울이 젖기도 하지요. 그러니 나는 당신을 바라보고 또 바라봅니다.

이 시의 화자는 "당신"의 외물外物만 보고 "그러나 당신의 마음을 보지 못하얐습니다"라고 합니다만 그거이 그래서 그런 것이겠는지요.

봄날 또록하니 뱀눈에 감도는 열끼처럼 "당신"을 향한 바라봄은 바라봄을 품고 넘어섰지요. 어찌하든 우리의 바라봄은 마음의 실물實物로 살아가는 주변에 세우고 곁에 앉히고 살갑게 돋아놓으려 합니다. 다솜이 아니라면 그리고 무엇보다 만유萬有에 깃들은 "당신"이 아니라면 이별조차 이별의 맛이 아니 드는 것이겠지요. 그러니 당신은 이별의 예감 속에서도 이별의 맛이 든 후에 다시 만남의 풍미를 재우치고 재장구쳐 돋우러 오실 것을 알아요. 아니 그렇겠습니까, 모르긴 몰라도 당신이라는 나의 마음은 그러하지요. 우리는 멀든 가깝든 깊든 얕든 사랑에 종사하는 세월의 한량들 아니겠어요.

유종인 1996년 《문예중앙》 시, 2003년 《동아일보》 신춘문예 시조, 2011년 《조선일보》 신춘문예 미술평론 등단. 시집 『그대를 바라는 일이 언덕이 되었다』, 시조집 『용오름』, 미술에세이 『조선의 그림과 마음의 앙상블』 외.

여름밤이 길어요

  당신이 기실 때에는 겨울밤이 쩌르더니 당신이 가신 뒤에는 여름밤이 길어요
  책력의 내용內容이 그릇되얏나 하얏더니 개똥불이 흐르고 버러지가 웁니다
  긴 밤은 어데서 오고 어데로 가는 줄을 분명히 알았습니다
  긴 밤은 근심바다의 첫 물결에서 나와서 슬픈 음악音樂이 되고 아득한 사막沙漠이 되더니 필경 절망絶望의 성城 너머로 가서 악마惡魔의 웃음 속으로 들어갑니다

  그러나 당신이 오시면 나는 사랑의 칼을 가지고 긴 밤을 베혀서 일천一千도막을 내겄습니다 당신이 기실 때는 겨울밤이 쩌르더니 당신이 가신 뒤는 여름밤이 길어요

* * *

  만해는 왜 그토록 당신을 보내 우리의 마음을 흔들어 놓는가? 당신 하나로 어떻게 그렇게 우리의 모든 마음을 흔들 수 있는가? 이 짧은 시에는 우리가 열망하는 모든 당신의 원형이 담겨 있다.
  물체가 온갖 화학적 영향에서 벗어나 있을 때, 예컨대 완전히 건

조한 공기 중의 귀금속이나 빙하 속의 매머드, 건조한 바위 굴에서 발견된 태곳적 유물에는 수천 년 세월도 어떠한 영향을 미치지 못한다. 시간의 절대적 무효력은 관성의 법칙에서도 나타난다. 물체는 외부의 영향을 받지 않는 한, 운동을 한번 시작하면 어떠한 시간도 그 물체에서 운동을 빼앗거나 감소시킬 수 없다.

만해의 사랑은 외부의 어떠한 간섭이나 온갖 영향에서 벗어나 있다. 잠 못 이루게 한 당신은 더없는 세월도 어떠한 영향을 미치지 못하고, 처음 부른 당신으로 남아 있다. 그 어떠한 시간도, 그 어떠한 힘도 만해에게서 당신을 빼앗아 가지도, 그 사랑의 열정과 농도를 감소시키지도 못한다.

님에 관한 한, 외부의 물리적 원인에 티끌만큼도 제압되지 않는 만해, 그가 기울인 사랑은 절대로 끝나지 않는다. 만해가 살아 있는 동안에는 물론, 그가 죽고 묻혀 뼈와 살이 흙이 되고 먼지가 되고, 님의 침묵을 탈고한 지 100주년이 되는 올해도 여전히 끝나지 않은 채, 맨 처음 당신으로 호명하던 그 순간 속에 당신은 영원히 정지되어 있다.

조재형 2011년 《시문학》 등단. 시집 『누군가 나를 두리번거린다』, 산문집 『집은 텅 비었고 주인은 말이 없다』 『말을 잃고 말을 얻다』 외.

명상冥想

 아득한 명상冥想의 적은 배는 갓이없이 출렁거리는 달빛의 물결에 표류漂流되야 멀고 먼 별나라를 넘고 또 넘어서 이름도 모르는 나라에 이르렀습니다
 이 나라에는 어린 아기의 미소微笑와 봄 아츰과 바다 소리가 합슴하야 사람이 되얐습니다
 이 나라 사람은 옥새玉璽의 귀한 줄도 모르고 황금黃金을 밟고 다니고 미인美人의 청춘靑春을 사랑할 줄도 모릅니다
 이 나라 사람은 웃음을 좋아하고 푸른 하늘을 좋아합니다

 명상의 배를 이 나라의 궁전宮殿에 매였더니 이 나라 사람들은 나의 손을 잡고 같이 살자고 합니다
 그러나 나는 님이 오시면 그의 가슴에 천국天國을 꾸미랴고 돌아왔습니다
 달빛의 물결은 흰 구슬을 머리에 이고 춤추는 어린 풀의 장단을 맞추어 우줄거립니다

* * *

 "명상의 적은 배"는 화자의 마음이다. 화자는 명상을 통해 이상 세계 즉 천국에 닿는다. 그곳은 자연 그대로를 귀하게 여기는 사람

들이 사는 곳이다. 권력이나 돈이나 욕정 같은 세속적 가치를 중히 여기지 않는 곳이며 "웃음을 좋아하고", "푸른 하늘을 좋아한다." 평화롭고 의심이 없는 사람들이 같이 살자고 하지만 화자의 가슴 속에 천국이 이루어져야 한다는 열망으로 거부하고 돌아온다. 명상이 끝난다.

　나의 적은 배는 어린 시절로 간다. 아무도 없는 집에서 벚꽃이 혼자 휘날리는 광경을 보고 순간 무상無常을 느낀다. 이 세상은 오직 변화만 존재하고 그러므로 덧없다. 커다란 뱀이 나타난다. 나노 시간의 변화 속에서 이 뱀이 그때의 그 무서운 뱀인지 살피며 긴가민가하다가 잡아먹힌다. 할아버지를 만난다. 무상 속에서 매 시간 바뀌는 할아버지가 내 할아버지가 맞는지 아닌지 오래 쳐다보다 싸가지 없는 놈이 된다. 그러다 이름을 붙이기 시작한다. 수억만 개의 사과를 그냥 다 사과라 한다. 그러다 보니 진정한 사과를 보지 못한다. 사과라는 이름은 자꾸 사과라는 사물에서 미끄러진다. 이름을 붙이고 나서, 언어가 생기고 나서 세상의 실상을 보지 못한다. 눈이 없어 못 보는 것이 아니라 눈으로 보기에 보이지 않는다. 사과를 베어 먹는다. 아삭거리며 달콤하고 맛있다. 하지만 사과는 사과가 아니다. 무상을 알게 되고 덧없음과 공空과 환幻만이 존재하는 세상에서 살고 있다는 걸 느끼며 명상에서 깨어난다. 여전히 벚꽃이 분분 날리고 있다. 눈에 보이는 모든 것이 환幻이다. 욕망과 고통과 부족함이 다 사라진다.

정진혁 2008년 《내일을여는작가》 등단. 시집 『간잽이』 『자주 먼 것이 내게 올 때가 있다』 『사랑이고 이름이고 저녁인』 외

칠석七夕

「차라리 님이 없이 스스로 님이 되고 살지언정 하늘 위의 직녀성織女星은 되지 않겠어요 네 네」 나는 언제인지 님의 눈을 쳐다보며 조금 아양스런 소리로 이렇게 말하얐습니다

이 말은 견우牽牛의 님을 그리우는 직녀織女가 일년一年에 한 번씩 만나는 칠석七夕을 어찌 기다리나 하는 동정同情의 저주咀呪였습니다

이 말에는 나는 모란꽃에 취한 나비처럼 일생一生을 님의 키쓰에 바쁘게 지나겠다는 교만한 맹세盟誓가 숨어 있습니다

아아 알 수 없는 것은 운명運命이오 지키기 어려운 것은 맹세입니다

나의 머리가 당신의 팔 위에 도리질을 한 지가 칠석을 열 번이나 지나고 또 몇 번을 지내었습니다

그러나 그들은 나를 용서하고 불쌍히 여길 뿐이오 무슨 복수적復讐的 저주를 아니하얐습니다

그들은 밤마다 밤마다 은하수銀河水를 새에 두고 마조 건너다보며 이야기하고 놉니다

그들은 해쭉해쭉 웃는 은하수의 강안江岸에서 물을 한 줌씩 쥐

어서 서로 던지고 다시 뉘우쳐 합니다

그들은 물에다 발을 잠그고 반비식이 누어서 서로 안 보는 체하고 무슨 노래를 부릅니다

그들은 갈잎으로 배를 만들고 그 배에다 무슨 글을 써서 물에 띄우고 입김으로 불어서 서로 보냅니다 그리고 서로 글을 보고 이해理解하지 못하는 것처럼 잠자코 있습니다

그들은 돌아갈 때에는 서로 보고 웃기만 하고 아모 말도 아니합니다

지금은 칠월 칠석날 밤입니다

그들은 난초蘭草 실로 주름을 접은 연꽃의 윗옷을 입었습니다

그들은 한 구슬에 일곱 빛나는 계수桂樹나무 열매의 노르개를 찼습니다

키쓰의 술에 취醉할 것을 상상想像하는 그들의 뺨은 먼저 기쁨을 못 이기는 자기自己의 열정熱情에 취하야 반이나 붉었습니다

그들은 오작교烏鵲橋를 건너갈 때에 걸음을 멈추고 윗옷의 뒷자락을 검사檢査합니다

그들은 오작교를 건너서 서로 포옹抱擁하는 동안에 눈물과 웃음이 순서順序를 잃더니 다시금 공경恭敬하는 얼골을 보입니다

아아 알 수 없는 것은 운명運命이오 지키기 어려운 것은 맹세입니다

나는 그들의 사랑이 표현表現인 것을 보았습니다

진정한 사랑은 표현할 수가 없습니다

그들은 나의 사랑을 볼 수는 없습니다

사랑의 신성神聖은 표현에 있지 않고 비밀秘密에 있습니다

그들이 나를 하늘로 오라고 손짓을 한 대도 나는 가지 않았습니다

지금은 칠월 칠석날 밤입니다

* * *

「칠석」은 5연으로 이루어져 있다. 1연은 시적 화자가 자신은 견우와 직녀처럼 떨어져 살지 않겠다고 말한 과거 자신의 교만을 반성하는 내용이다. 2연은 님과 헤어진 지 십여 년 지났음을 말하며 이별의 아픔을 탄식하고 있는데, '한일강합'(1910년) 이후 『님의 침묵』 집필 완료(1925년)까지의 기간을 생각하면 이는 일제 치하라는 시대 상황을 암시한다. 3연은 견우와 직녀가 강을 사이에 두고 서로 노래도 부르고 '갈잎 배'에 글도 써서 보내곤 하나, 사랑하는 사람과의 이별 상황이라 말하기에는 긴장감도 없고 아픔도 없는 풀어진 모습이다. 4연은 드디어 칠석날, 견우와 직녀는 잘 차려입고 나타났으나, 상대방에 대한 사랑보다는 자기감정에 도취된 모습이다.

5연은 주제연이며, "사랑의 신성은 표현에 있지 않고 비밀에 있습니다"라는 내용은 이 시의 핵심이다. 시공을 초월한 '사랑의 신성'은 깨달음을 얻은 자만이 알 수 있는 '비밀'이라 말하고 있다. 견딜 수 없는 이별의 아픔까지도 수용하고 삭이면서 사랑으로 승화시

키는 '번뇌즉보리'의 세계 즉 현상계와 절대계를 아우르면서 '보리심'으로 세상을 정화하라는 화엄 사상을 암시한다. "아아 알 수 없는 것은 운명이오 지키기 어려운 것은 맹세입니다"라는 문장은 2연과 4연에 나오는바, 2연 것은 자신의 이별을 탄식하는 내용이며, 4연은 이별 이후 깨달음 속에 내놓는 '자비'의 탄식이다. 깨달음을 얻은 자로서 견우직녀의 형식적 사랑을 바라보는 안타까움을 담고 있다. 아픔 속에 사랑이 있다는 대승大乘의 외침인 것이다.

김광원 1994년 《시문학》 등단. 시집 『있음과 없음 너머』, 저서 『만해의 시와 십현담주해』 『님의 침묵과 선의 세계』 외.

생生의 예술藝術

  몰난 결에 쉬어지는 한숨은 봄바람이 되야서 야윈 얼굴을 비치는 거울에 이슬꽃을 핍니다
  나의 주위周圍에는 화기和氣라고는 한숨의 봄바람밖에는 아모 것도 없습니다
  하염없이 흐르는 눈물은 수정水晶이 되야서 깨끗한 슬픔의 성경聖境을 비칩니다
  나는 눈물의 수정이 아니면 이 세상이 보물寶物이라고는 하나도 없습니다

  한숨의 봄바람과 눈물의 수정은 떠난 님을 기루어하는 정情의 추수秋收입니다
  저리고 쓰린 슬픔은 힘이 되고 열熱이 되야서 어린 양羊과 같은 적은 목숨을 살아 움직이게 합니다
  님이 주시는 한숨과 눈물은 아름다운 생生의 예술藝術입니다

* * *

  "님이 주시는 한숨과 눈물은 아름다운 생의 예술입니다"고 만해는 말하지만, 우리는 드디어 '생의 예술'이 부재하는 시대에 당도해

있다. 이 시대의 님은, 단순히 침묵하는 게 아니라 사라지고 없다. 님이 없으므로 님이 주시는 한숨과 눈물이 없고, 당연히 아름다운 생의 예술은 없다. '아름다운 생의 예술'이 사라진 시대에 생은, 예술은 어떻게 님을 복원하고 다시 건축할 것인가?

님이 사라진 폐허의 시대에 우리에게는 '한숨의 봄바람과 눈물의 수정水晶'이 남았다. 그것은 지난겨울 님이 나에게 남기고 간 '저리고 쓰린 슬픔'이며 나에게 '힘이 되고 열熱'이 되는 것들이다. 힘이 되고 열이 되는 재료들로 이 우주를 어떻게 재구성할 것인가?

그런데 이쯤에서 다시 생각해 본다. 만해의 대타적對他的 '님'은 사라졌지만 처음부터 우리에겐 어쩌면 대자적對自的 '님'밖에 없었는지도 모른다. 우리가 그토록 열망하고 사랑했지만 침묵하고 사라진 님은 결국 우리 자신 아니었을까? 즉 나의 님은 끝내 '나'였던 것이다. 폐허의 나를 재구성하고 재건축하는 것, 그것이 이제는 아름다운 생의 예술이 되는 까닭이다.

'님'이라는 열망은 고통을 동반하지만 열망이 사라진 세계는 고통 자체다. 이 세상에 절대 고독이 없듯 완전한 이별 또한 없을 것이다. 이 글이 '님'과 나를, '나'와 나를 다시 만나게 할 수 있다면, 우리는 어느 날 허공을 지나온 빛과 온도로 다시 만나리. 차갑게 식은 입술로 말하노니 눈발이여, 너는 갸륵한 사랑의 다른 이름이었다. 너는 무한히 흩어지려 하지만 나는 너를 잊은 적 없다.

박정대 1990년 《문학사상》 등단. 시집 『눈 속을 여행하는 오랑캐의 말』 『라흐 뒤 프루콩 드 네주 말하자면 눈송이의 예술』 『체 게바라 만세』 외.

꽃싸움

  당신은 두견화를 심으실 때에 「꽃이 피거든 꽃싸움하자」고 나에게 말하얏습니다
  꽃은 피어서 시들어가는데 당신은 옛 맹서를 잊으시고 아니 오십니다

  나는 한 손에 붉은 꽃수염을 가지고 한 손에 흰 꽃수염을 가지고 꽃싸움을 하야서 이기는 것은 당신이라 하고 지는 것은 내가 됩니다
  그러나 정말로 당신을 만나서 꽃싸움을 하게 되면 나는 붉은 꽃수염을 가지고 당신은 흰 꽃수염을 가지게 합니다
  그러면 당신은 나에게 번번이 지십니다 그것은 내가 이기기를 좋아하는 것이 아니라 당신이 나에게 지기를 기뻐하는 까닭입니다
  번번이 이긴 나는 당신에게 우승의 상을 달라고 조르겠습니다
  그러면 당신은 빙긋이 웃으며 나의 **뺨**에 입맞추겠습니다
  꽃은 피어서 시들어가는데 당신은 옛 맹서를 잊이시고 아니 오십니다

* * *

  꽃은 먼저 피지 않는다. 꽃보다 먼저 피는 것은 기억과 기다림이

다. 당신은 그랬지. "꽃이 피거든 꽃싸움 하자". 나는 양 손바닥에 붉은 꽃수염 하나, 흰 꽃수염 하나를 쥐고 당신과 할 꽃싸움을 기다린다. 그러나 꽃이 필 때에도 꽃이 시들 때에도 당신은 없었다. 꽃은 이미 피었고, 지고 있다. 사랑이 지고 있다는 듯. 나는 꽃이 아니지만 나도 진다. 기다림에, 약속에, 혼자 하는 꽃싸움에. 그러나 당신도 지는 편이 되기로 한다. '너는 이기고 나는 져야' 비로소 완성되는 유희. 이 유희의 유일한 규칙은 지기를 기뻐하는 일이다. 그곳에서는 내가 지고, 당신이 이긴다. 아니, 반대다. 당신이 지고, 내가 이긴다. 하지만 그 또한 반대다. 나는 기꺼이 지는 기쁨을 당신에게 양보하기에 다시 지고, 다시 이긴다. 사랑이 뫼비우스의 띠처럼 이 승패를 감싼다. 아이처럼 상을 조르는 내 뺨에 입 맞추는 당신. 아, 얼마나 맑고 서글픈 상상인가. 그 상상에는 현실에서 오지 않는 사람과의 작은 놀이가 있다. 사랑은 얼마나 오래 그 놀이의 간절함으로 존재할 수 있는가.

 진짜 싸움은 함께 있어야 일어날 수 있지만 나는 혼자 싸운다. 붉은 꽃과 흰 꽃 사이에서 누가 이기고 지는지를 정하며 당신의 부재를 내내 시연한다. 시는 싸움의 기록이 아닌 그리움의 기록이 되고, 피고 지는 일 사이의 침묵은 오지 않는 당신의 다른 이름이 된다.

 결국 내가 바라는 건 승패가 아니라 약속을 지키는 일이다. 그 약속의 주체가 돌아오지 않았으므로, 싸움은 계속된다. 당신 없는 세상과의 싸움. 꽃수염을 쥔 내 두 손의 상상으로 당신과 나의 사랑은 끝없이 연장된다.

배수연 2013년 《시인수첩》 등단. 시집 『조이와의 키스』 『쥐와 굴』 『여름의 힌트와 거위들』 외.

거문고 탈 때

달 아래에서 거문고를 타기는 근심을 잊을까 함이러니 츰 곡조가 끝나기 전에 눈물이 앞을 가려서 밤은 바다가 되고 거문고 줄은 무지개가 됩니다
거문고 소리가 높았다가 가늘고 가늘다가 높을 때에 당신은 거문고 줄에서 그늬를 뜁니다
마즈막 소리가 바람을 따러서 느투나무 그늘로 사러질 때에 당신은 나를 힘없이 보면서 아득한 눈을 감습니다
아아 당신은 사러지는 거문고 소리를 따러서 아득한 눈을 감습니다

* * *

연분홍 작약꽃 갈피 같은 밤을 더듬어요.
달빛, 거문고 소리, 바다, 무지개, 그늬, 느투나무 들이 일순 떠오르는 화폭.
오도송이라 쓰인 점자가 만져져요.

소리는 무상을 말하고, 무상은 곧 법을 설한다지요.
그 법, 천만 번 설한들 실재를 벗어난 감각을 어찌 붙드나요.

달 아래에서 사라스바티의 비파 소리를 들었다 해도 법성을 깨달음이 그리 수월할 리 있나요.

성불하는 꽃빛 순간이 "한 소리 거문고 타니/ 만 겁의 번뇌가 스러지네"처럼 수월하다면 스님은 시인일 리 없어요.

승은 '강 건너 언덕'이라도 있지요.

시인은 허공을 걸어 허공에 닿을 뿐이잖아요.

그러니 스님, 이 시는 시인 한용운의 오도송으로 이토록 맞춤합니다.

마즈막 바람소리 따라 슬픔과 허무로 성불하셨지요?

저는 거문고 줄에서 그늬를 뛰겠습니다.

조정 2000년 《한국일보》 신춘문예 등단. 시집 『이발소 그림처럼』 『그라시재라』 『마법사의 제자들아 껍질을 깨고 나오라』 외.

오서요

　오서요 당신은 오실 때가 되얐어요 어서 오서요
　당신은 당신의 오실 때가 언제인지 아십니까 당신의 오실 때는 나의 기다리는 때입니다

　당신은 나의 꽃밭에로 오서요 나의 꽃밭에는 꽃들이 피어 있습니다
　만일 당신을 좇어오는 사람이 있으면 당신은 꽃 속으로 들어가서 숨으십시오
　나는 나비가 되야서 당신 숨은 꽃 위에 가서 앉겄습니다
　그러면 좇어오는 사람이 당신을 찾일 수는 없습니다
　오서요 당신은 오실 때가 되얐습니다 어서 오서요

　당신은 나의 품에로 오서요 나의 품에는 보드러운 가슴이 있습니다
　만일 당신을 좇어오는 사람이 있으면 당신은 머리를 숙여서 나의 가슴에 대입시오
　나의 가슴은 당신이 만질 때에는 물같이 보드러웁지마는 당신의 위험危險을 위하야는 황금黃金의 칼도 되고 강철鋼鐵의 방패도 됩니다

나의 가슴은 말굽에 밟힌 낙화落花가 될지언정 당신의 머리가 나의 가슴에서 떨어질 수는 없습니다
　그러면 좇어오는 사람이 당신에게 손을 대일 수는 없습니다
　오서요 당신은 오실 때가 되얏습니다 어서 오서요

　당신은 나의 죽음 속으로 오서요 죽음은 당신을 위하야의 준비準備가 언제든지 되야 있습니다
　만일 당신을 좇어오는 사람이 있으면 당신은 나의 죽음의 뒤에 서십시오
　죽음은 허무虛無와 만능萬能이 하나입니다
　죽음의 사랑은 무한無限인 동시에 무궁無窮입니다
　죽음의 앞에는 군함軍艦과 포대砲臺가 띠끌이 됩니다
　죽음의 앞에는 강자强者와 약자弱者가 벗이 됩니다
　그러면 좇어오는 사람이 당신을 잡을 수는 없습니다
　오서요 당신은 오실 때가 되얏습니다 어서 오서요

* * *

　책을 펼친다. 문장 속에 들어가 몸을 구부린다. 문장 뒤에 숨으면 버스정류장이 사라진다, 오가는 발소리가 들리지 않는다, 저녁이 더는 가까이 오지 않는다. 이렇게 주변의 사람과 풍경을 다 버리곤 한다. 이때의 독서는 페이지의 내용을 따라가는 것이 아니라, 상상력을 통해 시간을 거스르는 작업이 된다.

'기다림'을 외면해 온 나에게 이 시는 큰 파장을 일으켰다. 시인의 자세에 놀라지 않을 수 없었다. 시인은 기다리면서 "당신"을 위해 하나하나 준비한다. 꽃밭에는 꽃씨를 뿌리고, 옷고름을 가지런히 한다. 그리고 결국 "죽음"까지도 생각한다. 이 모두가 오직 "당신"에게로 향하고 있다. 주변의 것들을 지우지 않고 그대로 껴안으면서, 자신의 자세를 '기다림'에만 집중하는 것이다.

'기다림'의 끝은 "당신의 오실 때"이다. 그 전에는 포기하지 않는다. 그 종점에 비록 '죽음'이 있을지라도 신념을 내려놓지 않는다. 묵묵히 자신의 할 일만 기억할 뿐이다. '당신'에게 닥쳐올 위험 요소까지 하나씩 대비하며 그 자리를 지킨다. 시인이 '기다림'을 계속할 수 있는 이유는 '죽음'의 역설을 믿기 때문이다. 마지막 연, "죽음은 ~벗이 됩니다", 4행에 걸쳐 이야기하는 '죽음'의 힘은 시인에게 최후의 보루 역할을 하는 것이다.

책을 덮고 다시 '기다림'을 만끽해 본다. 잠시 멈춰 있던 시간이 다시 흐른다. 사람들이 버스정류장에 하나둘 모여든다. 저 멀리서 버스가 한 대 도착한다. 종점 '죽음'에까지 가는 버스이다. 기꺼이 타는 시인의 뒷모습이 보인다.

길상호 2001년 《한국일보》 신춘문예 등단. 시집 『오동나무 안에 잠들다』 『왔다갔다 두 개의』, 산문집 『겨울 가고 나면 따뜻한 고양이』 외.

쾌락快樂

 님이여 당신은 나를 당신 기신 때처럼 잘 있는 줄로 아십니까
 그러면 당신은 나를 아신다고 할 수가 없습니다

 당신이 나를 두고 멀리 가신 뒤로는 나는 기쁨이라고는 달도 없는 가을 하늘에 외기러기의 발자최만치도 없습니다

 거울을 볼 때에 절로 오든 웃음도 오지 않습니다
 꽃나물을 심으고 물 주고 북돋우든 일도 아니 합니다
 고요한 달 그림자가 소리없이 걸어와서 엷은 창에 소군거리는 소리도 듣기 싫습니다
 가물고 더운 여름 하늘에 소낙비가 지나간 뒤에 산모롱이의 적은 숲에서 나는 서늘한 맛도 달지 않습니다
 동무도 없고 노르개도 없습니다

 나는 당신이 가신 뒤에 이 세상에서 얻기 어려운 쾌락快樂이 있습니다
 그것은 다른 것이 아니라 이따금 실컷 우는 것입니다

* * *

『님의 침묵』에 수록된 작품 중 「쾌락」이라는 작품은 한용운 시인이 평생 화두로 성찰하는 '님' 혹은 '깨달음'과 더불어 초월적 존재인 대상에 대하여 자신의 삶에 반추된 모습을 투영하는 것으로 읽힌다. '님'이라는 존재는 한용운 시인의 시 세계에서 정신적인 각성과 동반하는 종교적이며 철학적인 신념의 결과물이란 것을 잘 알 수 있다. 회자정리會者定離를 배경에 두었지만 회자會者보다는 정리定離에 더 방점을 둔 철학적 사고의 바탕과 의식 세계는 시대적인 흐름도 중요한 사서적 위치를 갖고 있지만 그보다 섭리燮理라는 철학적인 사고의 영향이 지대하다고 볼 수 있을 것이다. '님'의 자리에 '깨달음' '해탈' '수행'이라는 단어를 치환하면 선명하게 드러나 보일 것이다. 내가 넘을 수 없는 초월적 존재에 대한 낮은 자세의 생각은 진리를 한층 더 위대하게 만들 수 있다. 님이 가시고 난 후, 나는 아무것도 할 수 없다는 반어법을 사용하여 결론은 강한 긍정의 단어인 쾌락快樂으로 매듭지었다. 이 세상에서 얻기 어려운 쾌락을 님이 떠난 후에 알게 되었다는 말은 그 반대편 풍경을 짐작하게 만든다. 슬픔은 쾌락과 동의어라는 말과, 고통마저도 초월하는 마음의 안식을 자신에게 유도하는 듯하는 서술에서 희열의 역설逆說을 거중하게 만든다. 고통을 통한 쾌락에서 비롯된 자기 성찰의 눈빛이 한용운 시인이 세상을 보는 눈이다.

김부회 2001년《창조문학신문》신춘문예 등단. 시집『시, 답지 않은 소리』『러시안룰렛』, 평론집『시는 물이다』외.

고대苦待

　당신은 나로 하야금 날마다 날마다 당신을 기다리게 합니다
　해가 저물어 산 그림자가 촌 집을 덮을 때에 나는 기약期約 없는 기대期待를 가지고 마을 숲 밖에 가서 기다리고 있습니다
　소를 몰고 오는 아해들의 풀잎 피리는 제 소리에 목마칩니다
　먼 나무로 돌아가는 새들은 저녁 연기에 헤염칩니다
　숲들은 바람과의 유희遊戱를 그치고 잠잠히 섰습니다 그것은 나에게 동정同情하는 표상表象입니다
　시내를 따라 굽이친 모랫길이 어둠의 품에 안겨서 잠들 때에 나는 고요하고 아득한 하늘에 긴 한숨의 사러진 자최를 남기고 게으른 걸음으로 돌아옵니다

　당신은 나로 하야금 날마다 날마다 당신을 기다리게 합니다
　어둠의 입이 황혼黃昏의 엷은 빛을 삼킬 때에 나는 시름없이 문 밖에 서서 당신을 기다립니다
　다시 오는 별들은 고운 눈으로 반가운 표정表情을 빛내면서 머리를 조아 다투어 인사합니다
　풀 새이의 버레들은 이상한 노래로 백주白晝의 모든 생명生命의 전쟁戰爭을 쉬게 하는 평화平和의 밤을 공양供養합니다
　네모진 적은 못의 연蓮잎 위에 발자최 소리를 내는 실없는 바

람이 나를 조롱嘲弄할 때에 나는 아득한 생각이 날카로운 원망怨望으로 화化합니다

당신은 나로 하야금 날마다 날마다 당신을 기다리게 합니다

일정一定한 보조步調로 걸어가는 사정私情없는 시간時間이 모든 희망希望을 채찍질하야 밤과 함께 몰어갈 때에 나는 쓸쓸한 잠자리에 누어서 당신을 기다립니다

가슴 가온데의 저기압低氣壓은 인생人生의 해안海岸에 폭풍우暴風雨를 지어서 삼천세계三千世界는 유실流失되얏습니다

벗을 잃고 견디지 못하는 가엾은 잔나비는 정情의 삼림森林에서 저의 숨에 질식窒息되얏습니다

우주宇宙와 인생人生의 근본문제根本問題를 해결하는 대철학大哲學은 눈물의 삼매三昧에 입정入定되얏습니다

나의 「기다림」은 나를 찾다가 못 찾고 저의 자신自身까지 잃어버렸습니다

* * *

「고대苦待」는 『님의 침묵』의 마지막에서 두 번째 자리에 놓인 시다. 『님의 침묵』은 (시집 전체의 '서문'과 '후기'에 해당하는 「군말」과 「독자에게」 두 편을 제외하면) "님은 갔습니다"(「님의 침묵」)로 시작하여 "네 네 가요 이제 곧 가요"(「사랑의 끝판」)로 끝난다. 님이 떠났으나 나는 님을 보내지 않았다는 첫 시의 단호한 고백과, 님의 부름에 응해 내가 가겠다는 마지막 시의 능동적인 실천 사이에

『님의 침묵』의 세계가 있다. 그 세계는 님이 침묵하고 있을 때의 참상과 님을 기다리는 간절함을 모두 품고 있다. 「고대」는 그 세계의 끝에, 곧 내가 님과 대면하러 나서는 능동적인 전환의 바로 직전 자리에 있다. 이 시에서 '나'는 내내 기다린다. 1연은 낮의 기다림, 2연은 밤의 기다림 그리고 3연은 잠자리에서의 기다림이다. 나는 노동의 시간에도 휴식의 시간에도 그리고 의식뿐 아니라 무의식 중에도 당신을 기다린다. 각 연의 첫 행에서 그 기다림의 특성이 드러난다. 시인은 "나는 당신을 기다립니다"라고 쓰지 않고 "당신은 나로 하야금 당신을 기다리게 합니다"라고 썼다. 기다리는 것은 나지만, 내가 그 행동의 주인이 아니므로 이 기다림은 자의로 그만둘 수 없다. 시의 마지막 부분에서 시인은 "나의 '기다림'은 나를 찾다가 못 찾고 저의 자신까지 잃어버렸"다고 말한다. 당신을 기다리며 나는 "삼천세계"와 "정"과 "대철학"을 잃어버렸다. 이제 남은 것은 당신이 내게 시킨 일, 곧 기다리는 일뿐이다. 그렇게 기다림이 나의 의지를 벗어나자 기다림은 나를 알아보지 못하고(내가 기다림을 선택하거나 기다림에 응대하는 것이 아니기 때문이다) 마침내 그 자신을 잃어버린다. 기다림이 실종되면 그 기다림은 끝난 것이다. 그래서 그것은 사랑의 끝판으로 간다. 기다림이 사랑의 형식이므로 그것은 사랑의 끝이기도 하고, 기다림이 끝난 것이므로 그것은 사랑의 회복이기도 하다. 이제 님을 기다리는 사랑이 아니라 님을 찾아나서는 사랑이 시작될/이어질 것이다.

권혁웅 1997년 《문예중앙》 등단. 시집 『마징가 계보학』 『세계문학전집』, 저서 『시론』 『미래파』 외.

사랑의 끝판

네 네 가요 지금 곧 가요

에그 등불을 켜랴다가 초를 거꾸로 꽂었습니다그려 저를 어쩌나 저 사람들이 숭보겠네

님이여 나는 이렇게 바쁩니다 님은 나를 게으르다고 꾸짖습니다 에그 저것 좀 보아 「바쁜 것이 게으른 것이다」 하시네

내가 님의 꾸지람을 듣기로 무엇이 싫겠습니까. 다만 님의 거문고줄이 완급緩急을 잃을까 저퍼합니다

님이여 하늘도 없는 바다를 거쳐서 느름나무 그늘을 지어버리는 것은 달빛이 아니라 새는 빛입니다

홰를 탄 닭은 날개를 움직입니다

마구에 매인 말은 굽을 칩니다

네 네 가요 이제 곧 가요

* * *

「사랑의 끝판」이라는 제목은 모호하면서 돌발적이고 해석 불가능한 감정인 사랑에 대해 피할 수 없는 물음을 던진다. 도대체 사랑의 끝은 어떤 광경일 수 있을까? 화자는 떠난 님을 떠나보내지 않

았다며 절절한 사랑의 감정을 고백해 왔다. 이처럼 상실을 수반한 이 사랑의 대미大尾는 어떻게 장식될 수 있을까? 첫 행부터 화자는 "녜 녜 가요 지금 곧 가요"라며 님의 부름에 응답한다. 하지만 님의 부름은 어디서도 들을 수 없다. 오직 화자의 귀에만 들렸을 것이다. 이 부름에 마음이 다급해진 화자는 실수를 저지르고, 자신의 실수로 인하여 님이 겪게 될 어려움을 염려한다. 님은 그런 화자에게 "바쁜 것이 게으른 것이다"며 꾸짖기도 하지만 그것은 힐책이 아니라 깨우치는 말이리라. 이처럼 두 사람은 서로를 알뜰히도 걱정하고 있다. 서로를 향한 이 마음을 아는 듯 어느새 빛이 슬그머니 도래한다. '새는 빛'은 그렇게 둘 사이에 놓인 어둠을 지워낸다. 날갯짓하는 닭과 굽을 치는 말은 생기 넘치는 시간의 당도를 알리는 존재들로 사랑에 활기를 불어넣는다. 이 생기에 힘입어 우리는 들을 수는 없지만 님의 부름이 있었기에 이 시간이 도래했음을 문득 깨닫게 된다. 표면적인 이별과 달리 둘은 그렇게 함께하고 있었던 것이다. "녜 녜 가요"라는 화자의 적극적 응답은 이 시가 사랑의 시작을 선언하고 있음을 짐작하게 한다. 사랑은 둘의 합일이 아니라 떨어져 있는 두 존재가 서로를 부르는 간절한 행위이자 감정이다. 그러기에 진정한 사랑의 끝판은 사랑의 절정이 되고 다시 거부할 수 없는 사랑의 시작이 된다. 시인은 사랑이 어떻게 역사의 밤과 존재의 가난을 건너는 다리가 되는지 이 시로 증언하고 있는 것이다.

이선이 1991년 《문학사상》 등단. 시집 『물의 극장에서』『서서 우는 마음』, 평론집 『상상의 열림과 떨림』 외.

독자讀者에게

　독자讀者여 나는 시인詩人으로 여러분의 앞에 보이는 것을 부끄러합니다
　여러분이 나의 시詩를 읽을 때에 나를 슬퍼하고 스스로 슬퍼할 줄을 압니다
　나는 나의 시를 독자의 자손子孫에게까지 읽히고 싶은 마음은 없습니다
　그때에는 나의 시를 읽는 것이 늦인 봄의 꽃수풀에 앉아서 마른 국화菊花를 비벼서 코에 대이는 것과 같을는지 모르겠습니다

　밤은 얼마나 되얐는지 모르겠습니다
　설악산雪嶽山의 무거운 그림자는 엷어갑니다
　새벽종을 기다리면서 붓을 던집니다
　　　　　　　(을축팔월이십구일乙丑八月二十九日 밤 끝)

＊ ＊ ＊

　『님의 침묵』은 「군말」로 열리고 「독자에게」로 닫힌다. "나는 해 저문 벌판에서 돌아가는 길을 잃고 헤매는 어린 양羊이 긔루어서 이 시를 쓴다."는 「군말」의 목소리는 '긔루어서'로 인해 애잔해 보이지

만 그 그리움은 창작의 동기를 강력하게 드러내는 말이다. 그리움의 목적이 분명한 것이다. 한용운은 에둘러 '군말'이라 했지만 실은 '선언'으로 읽어야 한다.

『님의 침묵』보다 한 해 앞서 나온 김소월의 『진달래꽃』은 앞뒤로 서문과 발문을 붙이지 않았다. 독자에게 시인으로서의 고백을 생략한 것이다. 하지만 한용운은 시인으로서의 고백은 물론 발화자의 태도와 발화의 목적이 무엇인가를 분명하게 밝히고자 했다. 「군말」이 중생을 구제하는 구도자로서의 면모를 보여주고 있다면 「독자에게」는 시집 『님의 침묵』의 강을 건너온 독자를 향한 시인으로서의 자기 고백이다.

그렇다면 님은 어디에 있고 독자는 어디에 있을까? 님은 한용운의 내부에 있고 독자는 외부에 있다고 할 수 있다. 님은 시인이 일체화를 꿈꾸는 타자이며 그리움의 대상인 어린 양이다. 님은 보이지 않는 관념으로서의 님이다. 독자는 시집을 펼치고 님의 형상을 좇아가는 현실 속의 사람이다. 즉 시집의 구매자이거나 대출자이다. 독자는 님을 찾아가는 시인의 의도를 의심할 수도 있고 오독할 수도 있다. 한용운은 겸허하게 자신을 낮추고 시집에 쏟은 자신의 고투를 독자에게 내비치는 것으로 시집을 닫는다. 결어가 결연하다.

안도현 1981년 《매일신문》, 1984년 《동아일보》 신춘문예 당선. 시집 『외롭고 높고 쓸쓸한』 『북항』 『능소화가 피면서 악기를 창가에 걸어둘 수 있게 되었다』 외.

『님의 침묵』 다시 읽다

초판 1쇄 발행 | 2025년 8월 15일

펴낸이 | 만해학회
엮은이 | 이용헌
펴낸곳 | 도서출판 님Nim
주　소 | 서울특별시 관악구 남부순환로266길 21
편집실 | 서울특별시 중구 을지로14길 8, 618호
전　화 | 02-2265-2950
이메일 | manhae1992@naver.com
등　록 | 2024년 월 18일 제2004-000058

ⓒ 만해학회, 2025

ISBN 979-11-993945-0-6 03810

* 이 책의 내용을 재사용하려면 반드시 저작권자와 도서출판 님Nim의 동의를 얻어야 합니다.
* 잘못된 책은 교환해 드립니다.